KB262806

꾸러기들의
발명잔치 1

왕연중 지음

세창출판사

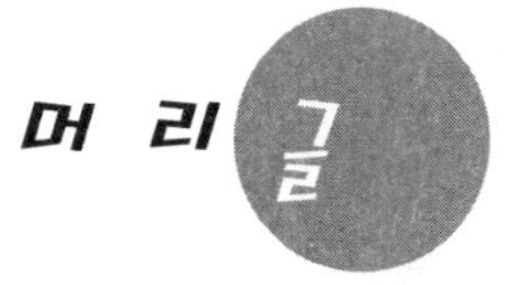

21세기는 발명의 시대입니다.

드디어 21세기, 새로운 천 년이 열렸습니다.

농경사회와 산업사회를 지나 정보화사회, 지식사회가 20세기 말부터 열리기 시작하면서 지구촌은 발명의 열기로 뜨겁게 달아올라 있습니다.

발명이 개인의 성공여부는 물론 선진국과 후진국도 판가름하고 있기 때문입니다.

학생의 경우 발명을 잘 하면 대학특례입학이 가능하고, 취업의 문도 활짝 열려 있습니다.

특허청이 지난 1987년부터 전국 초·중·고·대학교에

설치를 권장한 발명반도 이제 1만 개에 육박했고, 발명꿈나무 10만 명 양성운동도 그 목표를 달성하기에 이르렀습니다.

1999년 한 해 동안 열린 각종 발명관련 전시회와 경진대회에 응모한 학생이 10만 명을 돌파했다는 뉴스는 지구촌을 깜짝 놀라게 하기도 했습니다.

이는 선진국으로 불리는 미국과 일본에서도 전례가 없는 사실로 21세기는 우리 나라가 지구촌의 중심에 우뚝 설 것이 확실시되고 있습니다.

21세기 지구촌의 주역이 될 발명꿈나무들. 그들은 이 순간에도 초롱초롱한 눈동자로 사물을 관찰하고, 예리한 창의력과 사고력으로 발명왕의 꿈을 키우고 있습니다.

머 리 말

이 책은 바로 그들 중의 몇몇 학생을 선정, 그들의 이야기를 책으로 엮은 것입니다.

주인공인 한규, 문희, 은정, 주현, 주목이와 그 일가친척 및 선생님과 친구들 사이에서 벌어지는 발명이야기는 모든 독자들을 발명의 세계로 이끌어 줄 것입니다.

이들 주인공들은 어느 가정이나 학교에서 만날 수 있는 지극히 평범한 학생들입니다.

이는 누구나 발명가가 될 수 있음을 말하고 있습니다.

요즘 발명이란 국어사전의 정의처럼 "전에 없던 것을 새로 생각해 내거나 만들어 냄"이 아니라 "보다 아름답게, 보다 편리하게"입니다.

특허법상 이미 나와 있는 발명품도 보다 아름답게 하면 의장 출원이 가능하고, 보다 편리하게 하면 특허 또는 실용 신안 출원이 가능하기 때문입니다.

이 때문에 최근 들어서는 많은 학생 발명가들이 탄생하고 있는 것입니다.

전국의 사랑하는 학생 친구들이여, 우리 모두 발명가가 됩시다.

2000년 1월

왕연중 씀

차 례

친구들의 실수담

"와! 정말 멋있다."

따스한 봄 햇살이 눈부시게 내리쬐는 어느 날, 한규는 바람을 타고 하늘을 날고 있는 글라이더를 보며 감탄사를 연발했다.

글라이더 날리기 대회에서 형들이 만든 글라이더가 하늘을 스르르 올라가 서서히 그리고 조용히 원을 그리며 착륙하는 모습은 정말 멋이 있었다.

한규는 한참 동안을 꿈꾸는 사람처럼 환상 속에 사로잡혀 있었다.

'나도 저렇게 날릴 수 있을까?'

그렇게 하늘을 바라보며, 생각에 잠겨 있던 한규는 걸음을 빨리하여 달리듯 교실로 향했다.

"한규야, 어디 갔다 이제 오니? 곧 수업 시작인데 ……

한참 찾았다."

교실 문을 들어서자, 진석이가 의자에 앉은 채로 빨리 들어오라는 손짓을 해 보이며 말했다.

교실 안에는 진석이 말고도 문희, 은정, 주현, 주목 등 발명 동아리 친구들이 빙 둘러앉아 있었다.

"헉헉, 6학년 형들이 글라이더를 날리는 것을 구경하고 있었어."

그 말에 눈이 까맣고, 새침데기인 문희가 예쁜 목소리로 말했다.

"아! 그렇지. 한규, 너는 비행기 조종사가 꿈이랬지. 나는 스튜어디스가 꿈이지만……"

그러자 문희와는 거의 라이벌 관계인 은정이가 샐쭉해진 목소리로 중얼거렸다.

"그래? 파일럿과 스튜어디스라…… 매우 잘 어울리는 한 쌍 같다. 하지만 어딘가 어색하다. 얘!"

곱지 않은 은정이의 말에 옆에 앉아 있던 주목이가 큰 소리로 말했다.

"아, 잠깐. 잠깐만 주목! 이 주목 선생이 있는 한 은정이 너는 걱정 놔도 괘안타마. 은정아, 알았제이?"

"뭐야? 이 각설이가 그 주제에."

"히히히, 은정이 너만 좋다문 내사 영원한 왕초가 되어

꾸러기들의 발명잔치

친구들의 실수담

니 곁에 있을 끼다.”

　주목이는 더욱 넉살스럽게 웃으며, 은정이 어깨에 기대는 시늉을 했다.

　“왕초? 각설이가 언제 왕초로 승진했지?”

　그 때까지 말없이 앉아 있던 주현이가 점잖게 한 마디 했다.

　“승진은 무슨, 애들아! 선생님 오신다. 쉿!”

　출석부를 옆에 끼고, 교실 문을 들어서는 백승락 선생님을 제일 먼저 발견한 진석이 검지 손가락을 입술로 가져다 대며 말했다.

　“애들아, 늦어서 미안하다. 교직원회의가 조금 늦어서…….”

　출석부를 펼치며, 교탁 옆에 엉거주춤 서 계신 선생님의 표정은 언제나처럼 후줄근하여 콜롬보 형사를 연상시킨다.

　“에또, 미국의 강철왕 카네기가 발명은 지하자원보다 훨씬 많은 것을 가져다준다고 했다시피, 오늘날 눈을 크게 뜨고 주위를 둘러보면 발명의 힘이 얼마나 놀라운가를 알 수 있지요. 한규, 요즘 유행하는 발명품이 뭐라고 생각하지요?”

　느닷없이 지명을 당한 한규는 천천히 의자에서 엉덩이를 떼며 말했다.

꾸러기들의 발명잔치

"그, 글라이더, 냄비 뚜껑, 텔레토비, 그리고 저어 ……."

"글라이더, 냄비 뚜껑, 텔레토비. 좋아요. 또 문희가 한 번 말해볼까?"

"네, 선생님!"

문희는 자리에서 벌떡 일어나더니 또박또박 열거하기 시작했다.

"컴퓨터, 초고속 인터넷 망, 무선전화, 휴대폰, 에어컨 등이 있습니다."

"좋아, 굵직굵직한 것만 말했구나. 발명은 이렇게 큰 것도 있지만, 아주 섬세하고 작은 것이 세상의 흐름을 변화시키기도 하지요."

선생님의 말이 떨어지기가 무섭게 왕초 주목이 손을 번쩍 들었다.

"네, 선생님! 우리 엄마가 그러시는데 요즘은 아기를 낳아도 기저귀를 빨 필요가 없는 세상이고, 단추 몇 개만 누르면 '빨래 끝'이고, 컴퓨터 앞에 앉아 주문만 하면 전세계의 시장을 쇼핑할 수 있대요. 그래서 걱정이시라고 ……."

마침내 뒷머리를 긁적거리며 슬그머니 손을 내리는 주목을 향해 선생님은 눈을 크게 뜨고, 자세를 곧추세우며 물어보셨다.

"걱정이라고? 세상이 편리해졌으니 좋아하셔야지. 웬

친구들의 실수 담

걱정?"

"기계가 사람을 끌고 다니니, 인간성이 쇠붙이처럼 삭막하고, 차가워진다나 어쩐다나 뭐 그런 말씀이었어요."

"예를 들면?"

"전철역이나, 기차 안이나, 심지어 자동차 안에서도 삐리리릭 울려대는 전화기 소리에 신경이 곤두서고, 남을 전혀 의식하지 않는 이기주의가 어쩌고……."

"흐음, 애들아? 우리 발명 동아리에서 고주파로 인간성을 회복하는……."

"선생님, 로봇 인간을 만들라는 거지요?"

선생님의 말씀이 채 끝나기도 전에 아이들은 일제히 소리쳤다. 그러자 선생님은 누런 황금니를 씽긋 드러내며 말했다.

"로보캅을 봐! 멋있잖아?"

"선생님, 이러다가 날 새겠어요."

주현이 샌님 같은 목소리로 느릿느릿 말하자 그제서야 선생님이 정색을 하며 말했다.

"그래, 요즘 국회처럼 날새면 안 되지. 에또, 그러니까 이번 봄방학을 이용하여 할 일은, 실수의 원인을 찾아서 새로운 아이디어로 발전시키는 일이다. 무슨 말인가 하면 지금까지 여러분이 생활하면서 크게 실수했던 경험이 있을 것

꾸러기들의 발명잔치

이다. 예를 들면 ……."

"선생님, 진석이는 1학년 때 바지에 똥을 쌌고요, 은정이는 항상 컵을 잘 깨요. 그리고 한규는 잘 넘어져서 무릎이 성할 날이 없고요 ……."

왕초 주목이가 선생님의 말씀에 갑자기 입을 뗐다.

"주목이 너는 수업시간에 졸다가 이마를 책상에 잘 부딪치고, 항상 우산을 잘 잃어버려서, 엊그제도 어머니께서 우산 좀 챙겨보내라고 전화하셨던데 그게 사실이냐?"

선생님의 질문에 고개가 자라목처럼 쑥 들어간 주목이를 보고, 아이들은 책상을 치고 발을 구르며 웃었다.

"와하하하, 배꼽이 이사가네."

"낄낄낄, 남의 눈의 티를 보다 자신의 눈에 끼인 서까래를 들켰어!"

"헤헤헤, 왕초, 잘 걸렸다."

잠시 후, 아이들이 조용해진 틈을 타서 선생님은 말을 이었다.

"가만가만, 이처럼 누구에게나 실수는 있는 법이다. 그런데 선생님이 말하고 싶은 것은 이런 실수를 들춰내서 창피나 면박을 주자는 것이 아니고, 어떻게 하면 컵을 깨지 않을까? 또 어떻게 하면 우산을 잃어버리지 않을까? ……."

이번에는 거의 농담을 하지 않는 샌님 같은 주현이 점잖

친구들의 실수담

게 말했다.

"어떻게 하면 자다가 남의 다리를 긁지 않을까?"

그러자 제각기 한 마디씩 던졌다.

"어떻게 하면 선풍기에 손가락을 다치지 않을까?"

"어떻게 하면 높은 곳에서 안전하게 유리창을 닦을 수 있을까?"

"어떻게 하면 고양이에게 생선을 빼앗기지 않을까?"

"어떻게 하면 설사병이 나도 바지에 똥을 싸지 않을까? 히히힛."

"어떻게 하면 전자오락 게임을 엄마 몰래 할 수 있을까?

꾸러기들의 발명잔치

헤헤헤."

그 때까지 아예 눈을 감고 조용히 서 계시던 선생님이 갑자기 눈을 떴다.

"애들아, 그만 놀고, 각자가 실수담을 그냥 웃고 넘길 것이 아니라 원인을 찾는 거다. 알았지? 그 원인에서 아이디어를 찾아라. 그것이 이번 봄방학 동안의 과제다. 알겠지?"

"네, 선생님!"

아이들은 일제히 입을 벌렸다.

그러자 은정이 천천히 일어나며 말을 꺼냈다.

"선생님. 저는 지난 겨울 방학 때 큰집에 갔었어요. 거기에는 제가 평소에 좋아하는 사촌오빠와 아주 잘생긴 오빠 친구 서일이라는 남학생도 있었어요. 그런데 큰어머니의 심부름으로 주스를 들고 가다가 문지방에 걸려 넘어지고 말았어요. 무릎을 다친 것은 고사하고, 그 잘생긴 남학생 앞에서 컵이 깨지고 엉망이 된 제 꼴이란……. 상상이 되시지요? 정말 아예 납작하게 엎드려졌으니, 아휴 지금 생각해도 쥐구멍에 들어가고 싶다니까요. 그런데 이런 경우 넘어지지 않을 무슨 좋은 방법이 없을까요?"

그 순간 선생님은 눈을 빛내며 무릎을 탁 쳤다.

"바로 그거다. 은정이는 그 문제를 해결하는 방법을 찾는 거야. 어때? 할 수 있겠지?"

“네. 선생님 그래서 이번 기회에 그 문지방을 때려잡을 작정입니다.”

“때려잡아야 할 것은 공산당이고 …… 머리를 써요. 머리를. 그것이 곧 발명의 지름길이라는 사실, 수차 강조했지? 자 그럼, 이상 끝.”

“차렷, 경례.”

그와 동시에 수업이 끝났음을 알리는 종소리가 교정 가득 울려 퍼졌다.

“이야, 콜롬보 박사님은 정말 한치의 오차도 없으셔.”

“직업을 바꾸실 걸 그랬어.”

“아냐, 별명을 바꾸자, 흐흐흐.”

아이들은 교실문을 나서는 선생님의 등에 대고, 수근거리며 킥킥거렸다.

“그래, 그거 좋다. 콜롬보는 형사고, 코주부는 여행가고, 백자 승자 락자시니까 백을 천이나 만으로 올려 드리면 어떻겠니?”

진석의 말에 한규가 입안에서 우물거렸다.

“천승락님, 만승락님? 오케이! 만 가지를 다 오케이 하시는 너그럽고, 머리 좋으신 분이니까 만승락 콜박사님으로 승진시켜 드리자. 어때?”

“으흐흐 그거 좋다. 만승락 선생님.”

꾸러기들의 발명잔치

주현이 괴상한 웃음소리를 내며 책가방을 어깨에 맸다.

“애들아, 이제 그만 가자.”

한규의 말에 아이들이 하나 둘 자리에서 일어나 의자를 책상 밑으로 집어넣었다.

“그래. 우리가 지금 한가하게 웃고 떠들 때가 아니지.”

“빨리 가서 로댕의 ‘생각하는 발명가’가 되어야지. 나 먼저 간다.”

주목이가 손을 번쩍 들어 보이며 교실 문을 나섰다.

“그래, 잘 가! 왕초.”

문희가 은정이를 곁눈질하며 주목이에게 손을 흔들었다.

“문희야, 너 정말 날 약 올릴래?”

“아냐, 요즘 왕초가 잘 나가잖니.”

“그래도? 이 문둥이가 …….”

“미안, 미안. 나도 간다. 쿡쿡.”

문희가 도망치듯 교실 밖으로 나서자 한규도 잽싸게 따라 나섰다.

“문희야, 은정이에게 너무 그러지 마라. 요즘 가뜩이나 저기압이던데.”

“그래? 왜, 무슨 일이 있대?”

문희는 걸음을 늦추며 한규를 돌아보았다.

“아까 말하잖았어? 큰집에 갔다가 잘생긴 남학생을 보았

친구들의 실수담

다는 거."

"피잇, 난 또 뭐라고!"

"너야, 이렇게 잘생긴 내가 옆에 있어주니까 잘 모르는 모양인데."

"뭐? 아 한치 같은 게 정말?"

문희는 갑자기 성난 강아지처럼 손가락을 굽혀 보이며 눈을 부릅떴다.

"헤헤헤, 안녕, 스튜어디스!"

그러자 한규는 급발진한 자동차처럼 속력을 내서 쉥 달려가 버렸다.

"흐흐흐, 쌤통이다. 힘내라. 한규, 한치!"

"그러게, 남을 짓밟으면 안 되는 겨."

문희의 뒤를 따르며 진석, 은정, 주현이 킥킥거리고 웃었다.

"가만, 한규는 한치처럼 날쌔고, 오차가 없는 아이니까 틀림없이 뭔가를 하나 큰 거 낚아올릴 테고, 난 뭘 만들지?"

갑자기 웃음을 멈춘 주현이 심각한 표정으로 말하자, 진석이 대답했다.

"글쎄 말이야, 나는 봄방학 기간에 갈 곳도 많은데, 큰일이다."

"하여튼 주현아, 너도 너의 고주파 아이디어 머리를 동

꾸러기들의 발명잔치

원해 봐. 그럼 뭔가 잡힐 거 아냐!"

"히히히, 진석아! 너야말로 문자 쓰지 말고, 한 바퀴 뒹굴어 봐. 너라면 기대가 된다."

"아무튼 방학은 즐거워! 애들아, 나 먼저 갈게."

"그래, 은정아! 여자의 매력은 지조에 있다더라. 잘 지켜라."

주현이의 말에 은정이는 하얀 치열을 고루 드러내며 웃었다.

"선비님의 말씀이라 내가 곱게 봐준다. 안 그러면 벌써 날아갔어. 안녕."

친구들의 실수담

“아이쿠, 살았네! 나도 간다.”

주현이 큰길에서 갈라져 가고, 은정이도 골목으로 사라졌다.

혼자 남은 진석이는 천천히 인도를 걸으며 생각에 잠겼다.

‘나의 실수는 뭐였더라?’

가로수 위로 포근한 봄볕이 눈부시게 깔려 있고, 물 오른 나무들은 부지런히 새싹을 내뻗고 있었다.

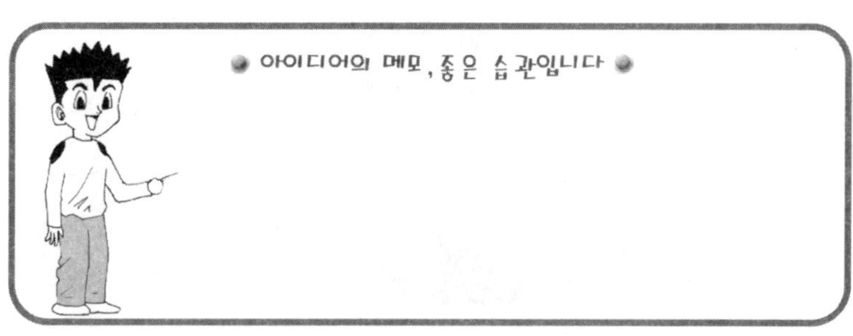

꾸러기들의 발명잔치

앗, 나의 실수!

"엄마, 학교에 다녀왔습니다."

진석이는 대문을 들어서며 큰소리로 말했다.

진석이의 어머니는 집안 마당에 있는 화단에 물을 뿌리고 있었다.

"어서 오너라. 봄방학 했니?"

"네, 그래서 일찍 끝났어요. 엄마, 그런데 뭐 하세요?"

진석이는 책가방을 현관 옆의 의자에 내려놓으며 물었다.

"새싹이 나고 있구나. 봄 가뭄이 너무 심해서 물을 주는 중이다."

"그래요? 또 꽃이 피겠네요."

"그럼, 목련은 벌써 피었고, 일년생 화초들도 새순이 올라온다."

"화초요? 어디!"

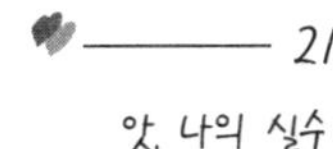

앗, 나의 실수!

진석이는 화단 앞에 허리를 굽히고 들여다보았다.

정말 파란 새싹들이 뾰족하게 올라오고 있었다.

그 때 문득 진석이의 머릿속으로 작년 여름방학 때의 일이 생각났다.

진석이는 누나와 함께 화단의 잡초를 제거하는 어머니를 돕기 위해 밖으로 나갔다. 진석이는 그 때 처음으로 호미질을 하게 되었다.

그런데 호미 끝이 얼마나 뭉툭한지 슬슬 파서는 도무지 땅에 박히지 않았다.

"이야, 이거 장난이 아니네, 왜 이렇게 힘들어?"

진석이는 있는 힘을 다 해서 힘껏 땅을 파며 말했다.

"에잇, 남자 체면이 있지. 엄마와 누나가 하는데 난들 못할까? 이야 야앗, 으랏차!"

진석이는 기압을 넣어가며 호미질을 했다.

그 덕분에 자신의 책임량으로 주어진 잡초를 모조리 뽑을 수 있었다.

"드디어 끝! 내가 일등이다."

진석이는 풀을 뽑느라 힘은 들었지만 일을 마치고 나니 그렇게 기분이 좋을 수가 없었다.

"랄라 룰루루, 피리리릭."

꾸러기들의 발명잔치

한참을 좋아라 휘파람을 불어대고 있던 진석이에게 어머니의 꾸중이 떨어졌다.

"아니? 잡초만 뽑으랬지 누가 꽃까지 뽑으랬니. 이런 쯔쯔……."

알고 보니 잡초를 뽑으려고 땅을 깊게 파다 보니 사르비아 꽃모종까지 함께 뽑혔던 것이다.

그 날, 진석이는 기분이 몹시 우울했다. 어머니께서 아끼시는 꽃들이 송두리째 뽑힌 것도 그랬지만, 모처럼 열심히 일해놓고 칭찬 대신 꾸중을 들은 것도 화가 났다.

'에잇, 나쁜 호미! 호미 때문에 일어난 실수였어.'

그제서야 진석이는 자신이 실수한 원인이 호미 때문이

앗, 나의 실수!

라는 것을 생각해냈다.

‘그래, 호미를 개량할 수 없을까?’

진석이는 실수의 원인을 찾아서 아이디어로 연결시키라던 선생님의 말씀을 떠올리며 허리를 폈다.

어머니는 그 때까지도 화단에 물을 주고 계셨다.

“참! 배고플 텐데, 냉장고에 가서 딸기라도 꺼내 먹어라. 곧 점심 챙겨 줄게. 다 끝났다.”

“알았어요. 엄마, 천천히 하세요.”

진석이는 의자에 내려놓았던 가방을 들고 현관문을 밀었다.

‘그렇지, 개량! 풀뿌리까지 자를 수 있도록 호미를 날카롭게 만든다면 어떻게 될까?’

다음 날, 진석이는 봄방학 때 시골 할아버지 댁에 다녀오기로 한 아버지와의 약속대로 시골에 가게 되었다.

“진석아, 준비 다 했니?”

“네, 아빠!”

진석이의 대답은 그 어느 때보다도 가벼웠다.

“뭔가 좋은 일이 있을 것 같은 예감이 든다. 우리 진석이가 왠지 기분이 좋아 보여!”

안전벨트를 매시며 아버지가 말씀하시자 진석이는 의미심장하게 웃었다.

꾸러기들의 발명잔치

"엄마, 다녀오겠습니다."

"여보, 이번에는 우리 남자끼리만의 가출이라오. 집 잘
봐요."

아버지의 말씀에 어머니는 싱긋이 꽃망울 같은 웃음을
머금고 손을 흔들어 주셨다.

"다음에는 저와 진아의 차례고요. 우리의 가출을 기대하
세요. 호호호."

여운을 남기며 멀어져 가는 어머니의 말씀을 뒤로 진석
이를 태운 차는 스르르 미끄러져 나갔다.

시골에서 농사를 지으시는 할아버지 댁에는 창고 안에
각종 농기구들이 다 있었다. 밭호미, 논호미, 곡괭이, 삽,
낫, 망치 등 없는 것이 없었다.

진석이는 틈만 나면 창고로 들어가 농기구들을 유심히
살펴보았다.

"아니, 웬일이냐? 우리 진석이가 농사라도 지을 생각이
야? 평소에는 거들떠보지도 않더니?"

아버지의 말씀에 할아버지께서도 껄껄 웃으셨다.

"놓아 둬라, 우리 유씨 집안에서도 유디슨이 곧 태어날
모양이다."

"네? 유디슨이요?"

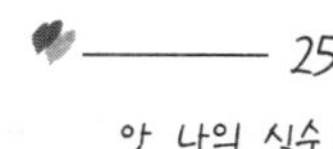

앗, 나의 실수!

아버지는 영문을 몰라 의아한 표정을 지으셨다.

"왜 있잖니, 에디슨이 창고에 들어가 달걀을 매일 품더니만 세계적인 발명가가 되었잖니? 지금 우리 진석이가 그 모양이다."

"그럼, 진석이가 매일 달걀을 품기라도 하나요?"

"허허허, 달걀이 아니라 호미다."

어느 새 눈치를 채셨는지 자신 있게 말씀하시는 할아버지의 태도에 진석이는 내심 놀라움을 금치 못했다.

"어? 할아버지, 어떻게 아셨어요?"

"척 하면 삼천리지. 너도 이 할애비처럼 나이를 먹어봐라. 눈치 하나는 빨라지지 …… 헛허허허."

"이야, 역시 우리 할아버지는 못 속이겠어요."

그제서야 진석이는 아버지께 자초지종을 말씀드렸다.

"그래? 그거 참 좋은 생각이구나! 우리 다함께 연구해 보자."

진석이는 그 때부터 자신감을 갖고, 다목적으로 사용할 수 있는 호미를 설계하였다.

할아버지 댁에 있는 동안 농기구들을 자세히 관찰하고, 또 사용해 보며 설계도를 완성했다.

"할아버지, 할머니 안녕히 계세요."

꾸러기들의 발명잔치

드디어 다시 집으로 돌아오는 날, 진석이는 자신의 설계대로 제작될 농기구를 생각하며 가슴이 설레었다.

"진석아, 또 오너라. 운전 조심하고."

동구 밖까지 나와 손을 흔드시는 할아버지 할머니의 모습 뒤로, 높은 산과 넓은 들이 하얀 뭉게구름을 배경삼아 춤추듯 일렁거렸다.

차창으로 멀어져 가는 시골풍경을 바라보며, 밭에서 둑을 돋아주는 아주머니들의 호미질을 진석이는 영화처럼 진지하게 감상했다.

완성된 설계도를 들고, 아버지와 함께 구로공단의 기계공작소에 가서 농기구를 제작하였다.

진석이는 자신의 아이디어로 만들어진 호미를 처음 손에 쥐자 마치 발명가가 된 것 같은 기분이었다.

"이제 실험해 보겠어요."

그러나 그렇게 애써 만든 개량호미는 끝이 날카로워, 풀을 뽑는 데는 편리했지만 위험하기도 하고 크게 나아진 것이 없었다.

"아차, 이게 아닌데. 그렇지요? 아빠."

진석이는 기운이 빠지는 것을 느꼈다.

그러자 아버지는 진석이의 어깨를 두들겨 주시며, 처음부터 다시 만들도록 용기를 북돋아 주셨다.

앗, 나의 실수!

꾸러기들의 발명잔치

"사나이가 칼을 뺐으면 무라도 찔러 봐야지. 벌써 실망해서 되니? 자! 다시 해 봐!"

진석이는 한 번의 실패를 거울삼아 다시 시작하였다.

우선 무게와 부피를 줄이고, 여러 가지 농기구들의 장점을 모아 종합시켰다.

볼트의 전진 후진에 따라 큰 날의 각도를 45°, 90°, 180°로 조절할 수 있게 하여 필요에 따라 다용도로 사용할 수 있게 하였다.

거기에다 야외에서 가벼운 상처를 입었을 때 간단히 치료할 수 있는 비상 구급약 보관통을 부착시켰다. '개량 호미로 작업을 하다가, 만일 약간의 상처라도 입게 된다면…….' 하는 생각을 해낸 진석이의 아이디어에 의해서였다.

"아빠, 이제 설계도가 완성되었으니 다시 한 번 기계공작소에 데려다 주세요."

진석이의 말에 아버지는 흔쾌히 자동차를 태워주셨다.

"아무렴, 유디슨의 부탁인데…… 어서 가자."

"네, 아빠! 감사합니다."

그러자 옆에서 배웅하시던 어머니는 곱게 눈을 흘기시며 말씀하셨다.

"요즘 부자지간에 너무 친해! 샘나는데 가운데에 낄까보다."

앗, 나의 실수!

"힛히히, 엄마, 죄송해요. 그 대신 발명이 성공하면 상은 어머니 거예요."

"녀석, 부지런히 해서 완성이나 해."

"자, 고지를 향해 출발이다!"

부르릉~ 소리를 내며 아버지의 자동차는 골목을 빠져나갔다.

수정된 설계도에 따라 제작된 개량 호미를 사용해 보니 신기하게도 여러 모로 쓸모가 많았다.

"자, 이 호미 하나면 만사가 오케이입니다. 이 호미로 말씀드릴 것 같으면 농촌에서는 김매기, 씨 솎음, 흙 고르기에 오케이고, 어촌에서는 굴 까기, 조개 캐기, 산촌에서는 약초 캐기, 나무심기는 물론이지요. 도시에서는 환경개선을 위한 작업에는 물론 병따개, 못 빼기까지 오케이인 다용도 호미입니다. 구경하세요. 구경은 공짜입니다. 히히히."

진석이는 자신이 생각해도 신기하기만 한 호미를 들여다보며, 틈만 나면 화단에 나가 잡초를 뽑거나 이모저모로 사용해 보느라 공부할 생각조차 잊고 있었다. 그러다가 부모님께 꾸중을 듣기도 했다.

"하라는 공부는 안 하고 쓸데없는 짓만 할래?"

"아, 알았어요. 엄마. 흐흐흐."

"뭐가 으흐흐야, 이 녀석이!"

꾸러기들의 발명잔치

어머니의 알밤을 피해 달아나는 진석이의 머리 위에서는 눈부시던 햇살이 조금씩 사라져 가고, 그 대신 손바닥만 한 먹구름이 일고 있었다.

"어! 비가 오려나?"

진석이의 능청스러운 태도에 어머니는 어이없는 표정으로 혀를 끌끌 차셨다.

"뭐? 멀쩡한 하늘에 웬 비 타령이야……. 녀석, 딴청을 피우기는."

"그게 아니에요. 엄마! 제 예감이 틀림없을 거예요. 그런데 문희는 뭘 하고 있지? 심심한데 전화나 한번 해볼까?"

진석이는 고양이 발톱을 해 보이며, 살금살금 고양이 걸

음으로 전화기 옆으로 다가갔다.

그러자, 그 모양을 물끄러미 바라보시던 어머니는 주방으로 가시며 혼잣말처럼 중얼거리셨다.

"에이구, 녀석! 뼈 없는 문어마냥 흐물거리기는……. 그래도 지 아비를 닮아서 속 하나는 진국이야!"

진석이는 전화기의 송수화기를 들고, 버튼을 누르기 시작했다.

'6, 5, 9에 …….'

한편, 문희는 방안에 앉아 책을 읽고 있었다.

"따르르릉~."

요란하게 울리는 전화벨 소리에 보던 책을 덮어놓고, 수화기를 들었다. 집안에는 아무도 없고, 문희 혼자 있었다.

"여보세요?"

"문희네 집이지요?"

수화기에서 진석이의 목소리가 흘러나오자, 문희는 갑자기 목소리를 바꾸어 어른처럼 굵은 목소리를 냈다.

"네에, 그렇습니다만 누구시지요?"

"저, 문희 친구인데요. 문희 있으면 좀 바꿔주시겠어요?"

"문희는 지금 바빠서 전화를 받을 수 없는데, 할 말이 있

꾸러기들의 발명잔치

으면 대신 전해주겠어, 무슨 일인지 말해 봐요.”

문희의 어른 목소리 흉내가 어찌나 그럴싸했는지, 수화기에서는 갑자기 풀죽은 목소리가 흘러나왔다.

“아, 아니에요. 다음에 다시 전화할게요. 같은 반 친구 진석이한테서 전화 왔었다고만 전해주세요. 그럼 안녕히 계세요.”

그와 동시에 ‘찰칵’ 소리를 내며 끊기는 수화기를 귀에 붙이고, 문희는 소리를 내어 웃었다.

“우홋호호, 속았지? 순진하기는……. 야, 진석아! 나 안 바빠, 헤헤헤.”

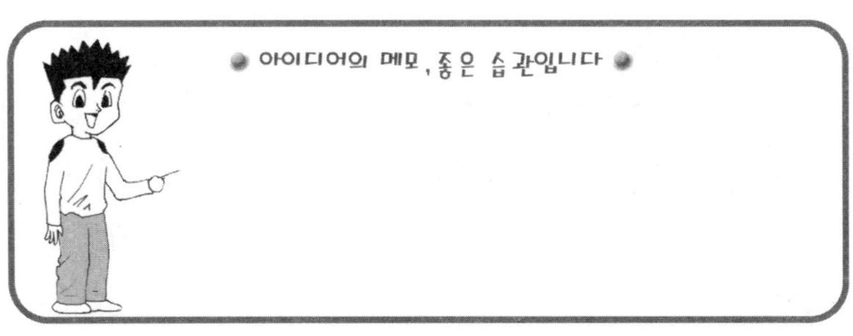

소 나 기 와 장 독 대

문희가 전화기를 제자리에 올려놓고 나자, 갑자기 고요가 찾아들었다.

'내가 좀 심했나? 아니야, 진석이도 심심했던 걸거야. 엄마도 안 계시고, 과일이나 먹어야지!'

문희는 읽던 책을 덮고, 냉장고로 갔다.

그러자 문득 조금 전, 어머니께서 외출하시면서 말씀하시던 것이 생각났다.

"문희야, 혹시 비가 오면 빨리 옥상의 장독덮개를 덮어야 한다."

그래서 냉장고 안의 딸기를 꺼내며 밖을 내다보았다.

'엄마는 참, 이렇게 멀쩡한 날씨에 비 걱정을 하시다니!'

그래도 혹시 몰라, '비가 오면 얼른 뛰어나가야지!' 하고 속으로 생각하며 딸기와 포크를 챙겨들고, TV 앞으로 가서

꾸러기들의 발명잔치

앉았다.

　'세일러문 안 하나? 지금 만화영화 할 시간인데 …….'

　문희가 속으로 생각하며 TV를 켜자 마침 만화영화를 하기 위한 광고를 시작하고 있었다.

　'그럼 그렇지! 랄랄라. 히히히 진석아! 너도 심심하면 TV나 봐!'

　문희는 진석이를 놀려먹은 것을 생각하면 할수록 웃음이 터져나와, 즐거운 마음으로 TV를 보며 딸기를 먹었다.

　얼마나 시간이 지났을까?

　만화영화가 끝나자, 문희는 TV채널을 여기저기 있는 대

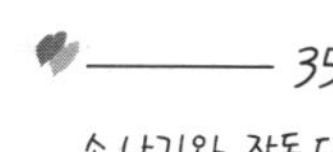

로 바꿔가며 재미있는 오락 프로를 찾아 시청을 했다.

'낄낄낄, 재미있다. 헤헤헤, 아이구 배꼽이야!'

그러다가 문득 밖에서 들리는 소란스러운 소리에 정신이 번쩍 들었다.

"쏴아, 쏴아아!"

거실 창 밖으로 소나기가 쏟아지고 있었던 것이다.

'아차, 이거 큰일났네!'

문희는 그제서야 허겁지겁 옥상으로 뛰어 올라갔다. 어머니의 말씀을 깜빡 잊고 있었던 것이다.

숨을 몰아쉬며 옥상에 올라갔지만, 이미 늦었다. 고추장 단지에는 빗물이 가득 고여 있었던 것이다.

"에이 참! 이럴 때 소나기가 올 게 뭐람? 한참 재미있었는데 ……."

문희는 투덜거렸지만, 이미 엎질러진 물이었다.

'진석이를 속여먹었다고 좋아했더니 벌을 받았나 봐! 에이구, 그래도 어쨌든 빗물은 퍼내야지.'

이렇게 생각하고 고추장 위에 고여 있는 물을 퍼내었다.

이윽고, 다시 안으로 들어온 문희는 시무룩한 표정으로 앉아 어머니께서 돌아오신 뒤의 일을 상상해 보았다.

"문희야, 장독은 잘 덮었지? 아이구, 웬 소나기가 장대처럼 굵어!"

꾸러기들의 발명잔치

　　어깨에 묻은 물기를 털어 내시며 어머니는 혼잣말처럼 중얼거리실 것이다.

　　그리고는 식탁 위에 놓은 꾸러미들을 주섬주섬 풀고 계실 때, 문희는 조심스럽게 어머니 옆으로 다가간다.

　　"엄마, 그런데 저어……."

　　"뭐야? 너 장독에 비를 맞혔구나. 그렇지?"

　　그 말씀과 동시에, 문희가 뭐라 미처 대답할 틈도 주지 않고 옥상으로 올라갔다 오신 어머니의 표정은 험상궂게 일그러져 꾸중할 것이었다.

　　"그러기에 내가 뭐랬니? 혼자 있을 때를 조심하랬지. 고추장 단지가 문제가 아니라, 아무도 없다고 정신없이 TV에 빠져 있다 보면 아무것도 되는 일이 없다고 했잖니? 사람이 절제할 줄 알아야지. 절제를!"

　　눈물이 쏘옥 빠지도록 꾸중을 듣고 난 문희는 책상 앞에 앉아 곰곰 생각할 것이다.

　　'치이, 엄마는 내가 혼자 있을 때 정신없이 TV만 본다는 것을 어떻게 아시지? 그래도 그렇지! 실수로 그런 것을 야단만 치시고…… 아니야, 내가 잘못했지. 생각해 보니 나쁜 생각은 혼자 있을 때 가장 많이 났어. 오락하고, TV 보고, 몰래 훔쳐보고 싶은 생각 등, 다음부터는 정말 조심해야지. 그렇지만 장독은 너무 불편해.'

소 나기와 장독 대

그랬다. 장독은 햇빛이 비치면 늘 열어 놓아야 하고, 비가 오면 닫아야 하니 여간 번거로운 일이 아닐 수 없었다.

문희는 책상 위에 턱을 괴고 앉아서 이런저런 생각에 잠겼다.

'비가 오나, 햇빛이 비치나, 늘 사용할 수 있는 장독덮개를 만들 수 없을까?'

그러나, 아무리 생각해도 문희에게는 불가능한 일인 것 같았다.

상상이 거기까지 이르렀을 때, 어머니께서 돌아오셨다.

"문희야, 엄마 왔다."

문희는 벌떡 일어나 방문을 열었다.

"엄마, 제가 그만 실수로 장독에 비를 맞혔어요. 정말 죄송해요."

그러자 어머니는 꾸중 대신 부드럽게 말씀하셨다.

"응, 흔히 있는 일이란다. 괜찮아! 다음에 햇볕에 말리면 되니까."

그래서 문희는 다시 어머니께 여쭈어 보았다.

"엄마, 이렇게 비가 오면 비를 맞히게 되는데도 꼭 장독덮개를 열어 놓아야 해요?"

"그럼, 장은 햇볕을 충분히 받아야만 좋은 맛을 낼 수 있단다."

꾸러기들의 발명잔치

어머니의 말씀에 문희는 속으로 단단히 다짐했다.

'장독 덮개를 열지 않고도 좋은 장맛을 낼 수는 없을까? 내가 편리한 장독 덮개를 만들어 봐야지.'

그 때부터 문희는 틈만 나면 장독대로 달려가 주의 깊게 살펴보았다.

현재 보통 가정에서 쓰고 있는 장독 덮개는 너무 무겁고, 아무리 잘 닫아도 각종 벌레가 들어가서 불결했다.

'웬 벌레들이야? 다 태워버릴까 보다.'

그러다가 문희는 자연시간에 배운 '빛의 성질'에 대한 실험이 생각났다. 돋보기로 검은 종이를 태우는 실험이었다.

"이렇게 햇빛을 모으면 큰 열이 생긴다는 것을 알았지요?"

선생님의 말씀을 떠올리며, 문희는 갑자기 머릿속이 밝아지는 느낌이 들었다.

'그렇지, 바로 그거야! 장독 덮개를 돋보기처럼 햇빛이 늘 통과할 수 있는 유리나 아크릴로 만들면 어떻게 될까?'

문희는 자신의 생각을 어머니께 말씀드리고 도움을 청했다.

"엄마, 용돈을 좀 넉넉히 주세요."

"갑자기 웬 용돈 타령이니? 쓸 만큼 주지 않았어?"

"그게 아니라, 사실은 좋은 생각이 떠올랐어요."

소 나기와 장독 대

꾸러기들의 발명잔치

문희의 설명을 들으신 어머니는 매우 훌륭한 생각이라며, 필요한 비용은 모두 대주시겠다고 했다.

"얏호! 우리 엄마는 역시 멋쟁이고, 현숙하시고, 자상하셔! 헤헤헤."

"뭐어? 까불기는……."

그러면서도 빙긋이 미소를 띠우시는 어머니에게서 용돈을 두둑이 받아낸 문희는 그 길로 밖으로 뛰어 나갔다.

장독 덮개는 큰 아크릴로 하고, 벌레가 들어가지 못하도록 모기장을 씌울 생각이었다.

문희는 광고사에 가서 부탁을 하여 예쁜 아크릴을 잘라 왔다.

우선 모기장을 고무줄로 단지에 묶고 그 위에 아크릴로 만든 덮개를 씌웠다.

햇빛이 쨍쨍 내리 쬐는 날, 옥상으로 올라가 보니 햇빛이 장독 안으로 통과하고 있었다.

"우와, 성공이야! 대성공!"

문희는 두 손을 번쩍 들며 좋아했다.

"우리 딸이 대단히 훌륭한 발명을 했구나. 그런데 한 가지 아쉬운 점이 있다."

어머니의 말씀에, 문희는 갑자기 긴장하면서 물었다.

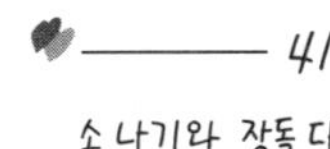

소나기와 장독대

"네? 엄마! 뭔데요. 어서 말씀해 주세요."

문희의 재촉에 어머니는 솔직하게 말씀해 주셨다.

"다 좋은데, 바람이 통하지 않아서 장맛이 좋을 것 같지가 않구나!"

문희는 어머니의 말씀을 듣고 잠시 낙심이 되었지만, 그대로 주저앉을 수는 없었다.

"바람이 들어가게 하는 방법을 찾아야 하겠군요."

바람이 들어가게 바람구멍을 내면 된다는 생각으로, 문희는 다시 밖으로 나갔다.

철공소를 찾아간 문희는 아저씨께 자신의 계획을 말씀드렸다.

"아저씨, 그러니 도와주세요."

그러자 문희의 설명을 듣고, 잠시 생각하시던 아저씨는 좋은 생각이 떠올랐다며 이렇게 말씀하셨다.

"장독의 턱에 동그란 통을 만들고, 그 가장자리에는 구멍을 여러 개 뚫어 바람이 잘 통하게 하면 되겠다."

"그래요? 이야, 신난다!"

문희는 장독덮개 옆에 바람구멍을 여러 개 냈다.

문희가 완성한 장독덮개는 뚜껑은 아크릴이나 오목렌즈로 만들어 햇빛이 직접 통과할 수 있고, 옆에 바람구멍이 나 있어 바람도 잘 통하는 덮개였다.

꾸러기들의 발명잔치

작품을 완성하고 나자, 문희는 자신이 참으로 대견스럽게 생각되었다.

덮개가 아크릴로 되어 있어서 햇빛을 직접 받을 수 있고, 여닫는 불편이 없으며, 빗물이 들어가는 것을 막을 수 있었다. 또한 통풍이 잘 되어 장이 썩지 않으며, 방충망이 있어 해충의 피해를 막을 수 있었다.

"어때요? 엄마, 이만하면 맛 좋고 질 좋은 장을 만들 수 있는 덮개가 될 수 있을까요?"

문희의 설명에 어머니는 대단히 칭찬을 많이 하셨다.

"역시 내 딸이구나. 그래 그래! 잘 되고 말고, 엄마가 이 세상에서 제일 맛있는 장을 안심하고 담글 수 있게 되었다.

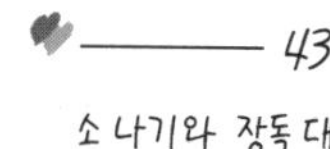

장한 딸 덕에 말이다.”

그러자 문희는 머리를 긁적이며 입을 달싹거렸다.

“사실은 엄마 덕분에 발명을 하게 된 건데 …….”

“난 아무 말도 안 했다.”

어머니는 의아하다는 듯 눈을 둥그렇게 뜨고, 장난 삼아 말을 던지셨다.

“바로 그거예요. 엄마! 지난 날, 제가 장독대에 비를 맞혔을 때, 마구 꾸중을 하셨다면 이런 좋은 생각을 하지 못하고, 제 잘못을 뉘우치기는커녕 소나기를 원망하고, 마구 불평하다 끝났을 거예요. 그런데 엄마가 흔히 있는 일이라고 말씀하시는 바람에 개선해야 하겠다고 생각했어요.”

“오, 그랬었니? 그런 실수는 진짜로 흔히 겪을 수 있는 일이란다.”

“네, 우리 선생님께서 그러셨거든요. 실수를 탓하지 말고, 그 실수의 원인을 분석하여 아이디어로 연결시켜 보라고요.”

“그런 일이 있었구나. 실수란 누구에게나 있는 법이지. 특히 너처럼 어린 소년 소녀에게는 더 많고 ……. 그런 실수가 발명을 하는구나! 너의 선생님 정말 멋진 분이시다.”

“그렇지요? 우리 선생님은요, 뭐든지 잘 수용하셔서 만승락 선생님이 되셨고요. 언제나 용기를 주시는 훌륭하신

꾸러기들의 발명잔치

분이세요."

"그래? 콜롬보처럼 털털하신 분 같았는데 그렇게 너그러우셨어? 갑자기 미남 영화배우 같이 생각된다. 얘."

"그렇지요? 헤헤헤, 아 참! 그래도 너무 반하시면 안 돼요. 엄마에게는 이 시대의 마지막 호프이신 터프가이 아빠가 계시니까요. 히히히."

"쯔쯔, 못 말리는 딸이다. 그래도 내 눈이 틀림없다는 것은 입증된 셈이구나."

그 때, 어느 틈엔지 안으로 들어오신 문희의 아버지께서 말씀하셨다.

"문희야, 그 좋은 발명품을 여러 개 만들어서 선생님께도 갖다 드리고, 외갓집에랑, 할머니 댁에도 보내 드리자."

"네, 우리 아빠, 엄마 만세! 사탕해요. 아빠, 엄마!"

"뭐? 사탕? 나도 사탕한다. 우리 딸 문희 발명가를! 호호호."

어머니의 농담에 집안 가득 행복이 흘렀다.

문희는 마음이 너무나 기쁘고 가벼워 세상을 마구 날 수 있을 것만 같았다.

'아차, 그렇지! 진석이에게 이 사실도 알리고, 지난번에 장난친 것을 사과해야지.'

문희는 무선전화기를 떼어 들고, 자기 방으로 들어갔다.

"진석이니? 나 문희야. 며칠 전에 내게 전화했었지? 그 전화 받은 사람이 바로 나였어."

그러자 갑자기 전화통에서 귀가 찢어져라고 큰 진석이의 목소리가 새나왔다.

"뭐? 이 문둥아! 어쩐지 이상하다 했더니! 각오해, 만나기만 하면 넌 꽝이다!"

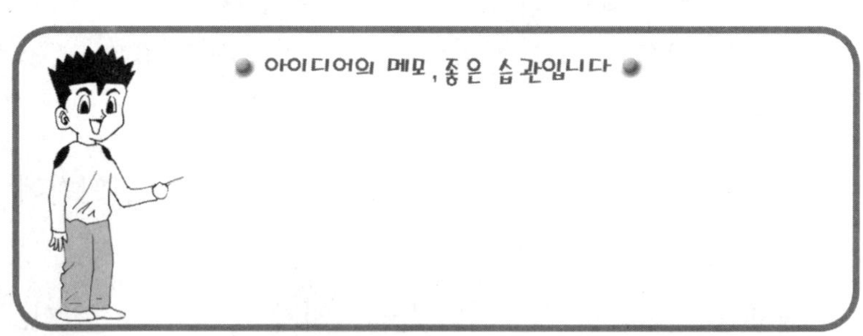

꾸러기들의 발명잔치

은정은 집에 돌아와서 생각에 잠겨 있다가 갑자기 혼자서 큰소리로 말했다.

"치잇, 생각하면 할수록 약이 오르는데 ……. 그 나쁜 문지방!"

조용한 시간에 은정이는 실수의 원인을 찾아보라던 선생님의 말씀을 떠올리며, 큰집 문지방에 넘어져 주스 컵을 깼던 일을 생각하고 있었던 것이다.

'내가 건강하고 멀쩡하니까 그 정도였지, 만일 연세가 많으신 할아버지 할머니나, 다리가 불편한 장애인이었을 경우 크게 다쳤을 거 아냐?'

그러면서 은정이의 머릿속으로 만약 문지방이 없다면 모든 사람이 편리하게 왕래할 수 있으리라는 생각이 스쳤다.

그 이후, 문에 대하여 관심이 많아진 은정이는 은행이나, 관공서, 그리고 학교나 집, 이웃 어디를 가든지 문이란 문은 모조리 관찰하기 시작했다.

그러면서 문을 열고 닫을 때는 긁힘을 방지하기 위해 조그만 공간이 있다는 사실을 발견하였다.

어느 날부터인지 집 근처에 있는 문 제작공장을 들락날락하게 된 은정이는 문의 기능에 대해 많은 지식도 갖게 되었다.

"아저씨, 안녕하세요?"

"오, 은정이구나. 어서 오너라."

"또 궁금한 것이 있어서 왔어요."

"그래 무엇이건 물어봐라. 장차 유명한 발명가가 될 사람인데 잘 모셔야지. 허허허."

문 제작소의 아저씨들은 은정이에게 농담까지 하시며 매우 친절하고, 자상하게 가르쳐 주셨다.

그 결과로 문지방이 하는 역할을 알게 되었다.

문지방은 방음, 방습, 방풍, 방충, 방범, 단열 등의 기능을 갖고 있었다.

"아저씨, 저는 문지방이 이렇게 많은 일을 하고 있는 줄 정말 몰랐어요."

"당연하지, 여태껏 관심도 없었을 테니까."

꾸러기들의 발명잔치

그런데 이 중요한 문지방을 처리해야 한다는 것은 은정이에게 한층 더 무거운 과제였다.

'그렇다면 이렇게 중요한 기능을 갖고 있는 문지방을 어떻게 처리하면 될까?'

은정이는 점점 머리가 아팠다.

"아빠, 절 좀 도와주세요."

아버지께 도움을 청했지만, 획기적인 방법은 찾을 수가 없었다.

"은정아, 더 연구하고 새로운 생각을 많이 하면서 혼자 힘으로 푸는 것이 좋겠구나."

"알겠습니다. 아빠!"

그렇게 전전긍긍하고 있던 어느 날, 은정이는 욕실에 들어갔다.

'에잇, 답답한데 목욕이나 해야지.'

욕실에서 목욕을 하고 머리를 감으려고 샴푸 뚜껑을 열었다. 그리고는 꽉 쥐어짰는데, 샴푸가 조금밖에 없어서 샴푸 병의 표면에 샴푸가 모두 붙어 버려 힘껏 짜도 나오지 않았다.

은정이는 샴푸 병을 거꾸로 쥐고, 바닥에다 대고 힘껏 두들겼다.

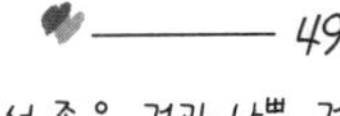

"으쌰, 으라챠."

꽤 오랜 시간을 두들기자 샴푸가 조금씩 흘러나오기 시작했다.

은정이는 매번 조금 남아 있는 샴푸를 버리자니 아깝고, 병 바닥에 있는 것을 끝까지 쓰려면 너무 힘이 들어 짜증스러웠다.

'샴푸 병을 사용하기 편리하도록 만들 수는 없나?'

은정이는 머리를 다 감고 욕실에서 나오며 속으로 생각했다.

시계를 보니, 목욕시간이 다른 때보다 10분이나 더 걸렸

꾸러기들의 발명잔치

다는 것을 알 수 있었다.

"샴푸 뚜껑이 병의 위쪽에 있으니까, 샴푸를 거꾸로 들고 숙여서 써야 하고, 많이 들었을 때는 무거워서 탈이고, 조금 남았을 때는 불편해서 탈이군. 무슨 좋은 방법이 없나?"

타월로 머리를 닦으며 은정이는 혼잣말로 중얼거렸다.

"기분을 좀 바꾸려고 했더니 오히려 스트레스를 더 받네. 에이 참!"

그러나 짜증을 내면 낼수록 짜증낼 일이 더 많아지는 법, 그래서 은정이는 다시 마음을 가다듬고 책을 읽어야겠다고 생각했다.

책을 이것저것 있는 대로 뒤적이다가 은정이는 오빠의 책꽂이에서 기술 책을 꺼냈다.

'기술이라. 흠! 여기에 뭔가 있을 것 같네. 어디 한번 살펴볼까?'

책장을 넘기며 자세히 살펴보던 은정이는 렉과 피니언 기아에 대하여 설명하고 있는 부분을 읽게 되었다.

'렉과 피니언 기아는 수평운동을 수직운동으로 바꾸어 준다. 이게 무슨 말이지?'

그 날 밤, 은정이는 학교에서 돌아온 오빠에게 궁금한

튀어나와서 좋은 것과 나쁜 것

것을 물어 보았다.

"아하! 그러니까 문지방을 문 속에 집어넣으면 되겠네? 왜 그 생각을 못했지."

문지방 대신 고무막대를 문짝 안에 설치하여, 문을 닫을 때는 고무막대가 올라가 긁힘 없이 문을 열 수 있겠다는 생각이 떠오른 것이다.

그러나 구체적인 설계는 더 이상 떠오르지 않았다.

"오빠, 안 되겠어. 아빠께 여쭤 봐야지."

"그래, 네 생각은 참 좋은데 오빠도 잘 안 되더라. 미안!"

아버지께 이 사실을 말씀드리자 한참 생각에 잠겨 계시더니 갑자기 표정이 밝아지셨다.

"애들아, 그럴 것이 아니라 우리가 함께 우선 모형을 만들어 보자."

그와 동시에 은정이에게도 "발명이란 끊임없이 노력하는 사람만이 성공할 수 있다"고 말씀하시던 선생님의 모습이 떠올랐다.

그 때 오빠인 문수도 선뜻 도와주겠다고 하더니, 폐품을 모아 두는 곳에 가서 헌 문짝을 주워왔고, 밀대 등 나머지 부품도 만들어 주었다.

모형 재료를 구하느라 이것저것 주워 모아 은정이네 집

꾸러기들의 발명잔치

튀어나와서 좋은 것과 나쁜 것

은 온통 잡동사니 투성이였다.

"이건 고물상을 방불케 하는구나."

그러면서도 아버지는 스프링, 고무막대 및 제작에 필요한 여러 가지 재료와 도구들을 쉽게 해결해 주셨다.

은정이와, 오빠, 아버지까지 힘을 합해 제작한 모형문이 드디어 완성되었다.

"됐다. 드디어 완성이다."

"튀어나온 턱을 없앤다는 것은 획기적인 일이에요. 까딱 잘못하다가는 걸려서 넘어지기 딱 좋거든요."

아버지의 말씀에 오빠가 맞장구를 치며 말했다.

"그러니까, 문지방은 튀어나와서 문제였는데 이제 안으로 집어넣었으니 훨씬 편리하겠어요."

그러다가 문득 은정이의 머릿속을 스쳐가는 생각이 있었다.

'문지방은 튀어나와서 탈, 샴푸는 잘 안 나와서 탈이었는데? 그렇지, 샴푸의 마지막은 병 뚜껑 쪽으로 모아 튀어나오게 하면 되겠다.'

은정이는 모형 문으로 실험을 하다 말고, 갑자기 욕실 안으로 뛰어들었다. 그리고는 샴푸 병을 거꾸로 들고, 뚜껑을 아래쪽으로 향하게 했다.

'그래, 샴푸의 뚜껑을 아래에 두고, 바로 쥐어서 짜서 쓰

꾸러기들의 발명잔치

는 거야!'

그런데 생각해 보니, 한 가지 문제가 있었다.

샴푸 뚜껑을 아래에 두면 편리하기는 하겠지만, 볼록하게 튀어나오는 뚜껑이 있으면 평평한 바닥에 서지 않게 되므로 방법을 찾아야 했다.

은정이는 다시 생각에 잠겼다.

'선생님께서는 고정관념을 깨라고 말씀하셨는데, 무슨 좋은 방법이 없나?'

이런 고민을 하고 있는 사이에 밖에서 아버지와 오빠가 안으로 들어섰다.

"은정아, 뭐 하니? 발명가가 자기 작품은 거들떠보지도 않고 샴푸만 하냐?"

오빠의 말에 은정이는 샴푸 병을 들어 보이며 대답했다.

"아니야, 오빠! 샴푸 병엔 샴푸가 없어!"

"붕어빵엔 붕어가 없다는 말은 있지만 그건 웬 뚱딴지 같은 철학?"

"응, 샴푸 병을 거꾸로 세우는 방법을 연구 중이야."

그러자 문수의 눈이 휘둥그레졌다.

"은정아, 네가 콜럼버스냐? 계란을 세우는 방법을 연구 중이라니!"

"계란이 아니라 샴푸 병이야."

튀어나와서 좋은 것과 나쁜 것

　"그게 그거지 뭐냐? 계란은 반지를 놓고 세우거나, 밀가루 반죽 위에 놓으면 세워지잖니. 샴푸병도 그렇게 해봐라. 아니면 뚜껑을 아예 잘라 버리든가, 히히히."

　"아예 잘라? 맞아, 바로 그거야!"

　은정이는 갑자기 무릎을 치며, 깡충깡충 뛰어올랐다 내렸다를 반복했다.

　이에 놀란 문수가 손을 내저었다.

　"은정아, 농담이야 농담!"

　그러나 은정이는 갑자기 머릿속이 밝아지는 느낌이 들었다.

　"그래, 바로 그렇게 하는 거야, 그러니까 지금 시중에

꾸러기들의 발명잔치

나와 있는 샴푸 병 뚜껑을 납작하게 만들어서, 병을 세워도 넘어지지 않고, 샴푸 액은 끝까지 쓰기에 불편하지 않게 하는 거야."

은정이의 말에 오빠 문수는 어리둥절한 표정을 지으며 물었다.

"무슨 말이야? 은정아, 천천히 다시 설명해 봐."

"알았어. 우선 내 머리에 떠오른 것을 그림으로 정리해 놓고."

대답과 동시에 은정이는 부리나케 방으로 들어갔다.

'세상에는 튀어나와서 좋은 것이 있고, 나쁜 것도 있군. 다른 데도 불편한 점이 없는지 찾아봐야겠어.'

은정이는 자신의 구상을 그림으로 옮겨 놓으며, 수수께 끼 놀이를 오빠에게 제안하여 찾아보아야겠다고 생각했다.

"오빠, 이 그림을 봐! 내가 자세하게 설명해 줄게. 그 대신 수수께끼 놀이를 하자, 응?"

"좋아, 뭔지 자세한 설명부터 듣고 난 다음에."

은정이의 설명을 들은 문수는 입을 딱 벌리며 칭찬을 해 주었다.

"이야! 우리 은정이가 큰집에 갔다가 웬 남학생 앞에서 한번 넘어지더니 완전히 딴 사람이 되었네. 역시, 넌 발명가 기질이 있다."

튀어나와서 좋은 것과 나쁜 것

"놀리지 말고, 오빠, 그럼 시작해 볼까? 자, 우선 튀어
나와서 좋은 것부터 말해봐."

"여자 엉덩이!"

"뭐야? 오빠, 죽을래?"

은정이는 얼굴이 발그레 상기되어, 자리에서 발딱 일어
나 오빠를 때리는 시늉을 했다. 그 순간을 놓칠세라 잽싸게
일어난 문수는 다람쥐처럼 밖으로 뛰어나갔다.

"또 말해 볼까? 여자의 앞가슴, 히히히, 메롱?"

"오빠, 거기 서! 그냥 안 둘 거야."

그러나, 자꾸만 달아나는 문수의 등뒤를 은정이는 씩씩
거리며 속수무책으로 바라보다가 큰 소리로 말했다.

"이럴 때, 튀어나와서 좋은 것이 또 있지! 돌부리에 걸
려 확 넘어져 코나 깨져라, 치이 와왕 약올라."

"용용 죽겠지, 크흐흐흐."

더욱 약을 올리며 멀어져 가는 오빠를 바라보다가 은정
이는 자신도 모르게 씨익 웃었다.

오빠의 천진난만하고 익살스런 표정 속에서 언뜻 미남
남학생의 미소를 떠올렸기 때문이다.

'장난꾸러기! 남자들은 다 짓궂은 데가 있는가봐, 내가
넘어져 얼굴이 빨개져 있는데도 그 남학생은 슬그머니 재미
있다는 표정을 지었거든, 에잇 나쁜 남자들! 아니, 우리 아

꾸러기들의 발명잔치

빠는 빼고…….'

이런 생각을 하며 돌아서서 집안으로 들어서는 은정이 앞에 자상하고, 믿음직스러운 아빠가 서 계셨다.

"은정아, 오빤 도망쳐 버렸지? 허허허."

"나쁜 오빠예요."

은정이 입을 삐죽거리자 아버지는 다시 너털웃음을 웃으셨다.

"장난이 좀 심하기는 하지만, 속으로는 네가 대견스러운 거야."

"그래, 남자들은 다 그런 구석이 조금씩 있지. 그러고 보니 우리 은정이가 이제 많이 컸구나. 다음 생일 선물은 브래지어를 해야겠어!"

"네? 아이 참 아빠도…….”

다시 얼굴이 빨개지며, 본능적으로 와락 달려드는 은정이를 덥석 안고 아버지는 머리를 쓰다듬어 주셨다.

"은정아, 발명을 했으니까 우리끼리 자축해야지! 나가자, 아빠가 맛있는 것 잔뜩 사 줄게."

"와. 신난다. 엄마, 아빠가 맛있는 것 사 주신대요."

은정이는 엄마가 계신 주방에 대고 소리를 질렀다.

"그래, 알았어! 나가고 있다."

그 때, 어디서 나타났는지 문수가 총알처럼 뛰어들었다.

튀어나와서 좋은 것과 나쁜 것

"아빠, 저는 햄버거요!"

"잘 만났어. 오빠!"

때를 놓칠세라 문수의 어깨를 때리고 꼬집는 은정이의
이마 위로 포근한 봄바람이 부드럽게 스쳐갔다.

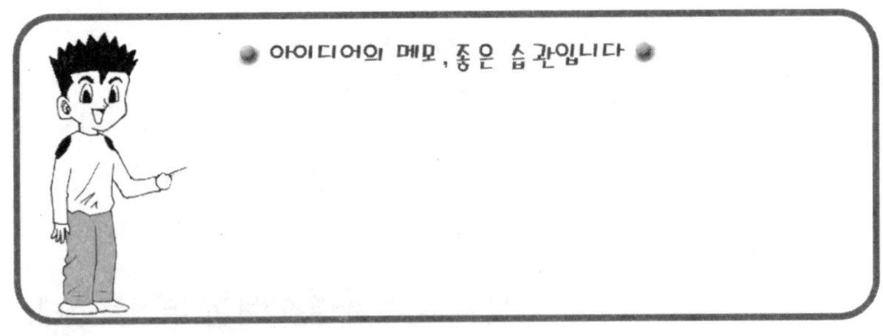

꾸러기들의 발명잔치

쓸수록 좋아지는 머리

샌님이자, 고주파로 통하는 주현이는 봄방학이 시작되
자마자 충북 음성에 있는 할아버지 댁에 가게 되었다.

"자, 다 실었지?"

아버지의 말씀에 주현이 어머니는 집안을 한 번 더 두리
번거리셨다.

"네, 요즘 좀도둑이 많다니까 문단속을 잘 하였는지 확
인해 보고요."

주현이의 가족은 해마다 봄이 되면 주현이의 봄방학에
맞추어 시골에 간다.

겨우내 얼었던 땅이 녹고, 봄바람에 아지랑이가 하늘거
리는 요즘이면 시골에서 농사를 짓는 사람들의 일손이 바빠
진다.

주현이네 할아버지 댁에는 할머니와 삼촌이 함께 살고 계시며 봄이면 씨앗을 뿌리는데, 매일 10여 명의 사람들을 얻어 일을 한다.

그런데 요즘은 사람들이 농촌을 자꾸 떠나기 때문에 인력이 부족하여, 읍내 아주머니들을 차에 태워 모셔다가 일을 시키는데, 그러다 보니 삼촌의 고충이 이만저만이 아니라고 했다.

그래서 주현이 아버지는 식구들을 데리고 시골에 내려가 농촌의 부족한 일손도 돕고, 할아버지 댁을 둘러보시는 것이었다.

"이제 출발해도 되지? 가다가 아차! 다시 돌아가요, 뭘 빠뜨렸어요 하지 말고 잘 살펴보라고."

아버지의 말씀에 어머니는 자동차에 오르시며 소녀처럼 깔깔거리셨다.

"됐어요. 빠진 것 없으니까 이제 출발하세요."

자리에 앉아 문을 닫는 어머니의 표정을 한번 쓰윽 쳐다보신 아버지는 이윽고 자동차의 액셀러레이터를 서서히 밟고 앞으로 전진하셨다.

앙상한 가로변에 목련꽃이 탐스럽게 피어 있고, 어디선가 포근한 봄바람이 불어 어머니의 가느다란 머리칼을 부드럽게 날렸다.

꾸러기들의 발명잔치

"이제 봄이군요."

"아직은 꽃샘 추위가 조금 남아 있지 않아?"

"그래도 봄은 봄이에요. 겨울이 제 아무리 추워도 오는 봄은 못 막고 멀리 시베리아로 쫓겨났어요. 이제 좀 살겠네! 서울의 겨울은 왜 그리 추운지."

아버지와 어머니의 대화를 들으며 주현이는 창 밖의 풍경을 바라보고 있었다.

고속도로로 들어선 자동차는 내쳐 달려서 이천을 거쳐 장호원을 지났다.

경기도와 충청북도를 가르는 커다랗고 긴 다리를 건너서 음성으로 접어들었을 때 들판에는 벌써부터 농사를 짓기 위해 논을 갈고, 밭을 고르는 농부들의 모습이 여기저기 눈에 띄었다.

"할아버지, 할머니. 안녕하셨어요?"

수봉 할아버지 댁에 도착했을 때, 해는 어슴프레 서쪽 산을 넘고 있었다.

"주현아, 어서 오너라."

밭에서 갓 돌아오신 듯 마당 끝의 수돗가에서 발을 씻고 계시던 삼촌이 주현이 가족을 반갑게 맞아주셨고, 할머니는 주현이의 손을 덥석 잡으셨다.

쓸수록 좋아지는 머리

“내 새끼, 어여 들어와!”

할머니는 주현이에게 언제나 다정다감하셨고, 모든 응석을 다 받아 주셨다.

아버지는 자리에 앉자마자 삼촌에게 농사일에 관해 물으셨다.

“철우야, 인부들은 다 구했니?”

“간신히 구하기는 했는데, 요즘은 정말 사람 구하기가 힘들어요. 말로는 IMF 때문에 경제가 어떻고 하면서도 노동일이나 힘든 일은 기피하려는 경향이 있거든요. 할 수 없이 아주머니들로 10명이 오기로 했어요.”

“그러게 말이다. 서울에서도 지역정보지를 보면 공장에서는 사람이 없어서 난리던데 ……. 지하철역에는 노숙자들이 아직도 일거리를 못 찾아 헤매고 있고, 뭔가 문제가 있는 것 같아. 아무튼 인부들을 다 구했다니 다행이다. 내일부터 씨뿌리는 일을 도울 수 있겠구나.”

“네, 형님. 그렇지만 피곤하실텐데 농사일은 걱정 말고 편히 쉬시다 가세요. 낚시나 하시든지.”

“아니다. 일하는 것보다 빈둥빈둥 노는 것이 오히려 더 힘들더라.”

시골의 밤은 퍽 고요하고, 도시보다 훨씬 짧은 것같이 느껴졌다.

꾸러기들의 발명잔치

새벽닭이 울기가 무섭게 밥을 지으시는 할머니와 어머니의 발자국 소리에 잠을 깬 주현이도 마당으로 내려섰다.

아버지와 삼촌은 할아버지와 함께 씨앗을 준비하고 있었다.

주현이는 삼촌이 타고 다니시는 자전거에 올라타서 마당을 빙빙 돌았다.

이윽고 아침이 되자, 삼촌은 읍내에 인부들을 태우러 가셨고, 주현이는 아버지를 도와 씨앗들을 차에 실었다.

"이얏호, 밭으로 가자."

주현이는 시골에 오던 날부터 뒤를 졸랑졸랑 따라다니던 바둑이와 함께 자전거를 타고 밭으로 나갔다.

밭은 집에서 그리 멀지 않은 곳에 있었다.

이윽고 밭에 씨앗을 심는 작업이 시작되었다. 주현이는 넓은 밭고랑을 오가며 참깨, 무씨 심는 것을 자세히 살펴보았다.

아주머니들은 흙 속에 막대기로 일일이 구멍을 뚫고 그 안에 씨를 넣고 있었다. 그런데 씨앗의 간격도 일정하지 않고, 깊이도 일정하게 뚫리지 않아 수확에 지장이 있을 것 같았다.

'씨앗 심는 방법이 좀 뒤떨어진 것 같은데 무슨 좋은 방법이 없을까?'

주현이는 혼자서 속으로 생각했다.

그러나 마땅한 방법은 쉽게 떠오르지 않았다.

"주현아, 이리 오너라. 새참 먹자."

그렇게 한나절이 지났을 때, 어머니께서 음식을 가져오셨다.

"와, 신난다. 알았어요. 엄마."

주현이가 어머니 쪽으로 달려가자 바둑이도 덩달아 마구 뛰어갔다.

"엄마, 새참이 뭐예요?"

"빵하고 우유, 그리고 너 좋아하는 통닭도 있다."

"이야, 맛있겠다."

꾸러기들의 발명잔치

밭둑의 나무 밑에 둘러앉아 먹는 새참맛은 정말 일품이
었다.

"봄볕에 그을리면 임도 몰라본다는데, 이러다가 깜둥이
가 되는 것은 아닌지 몰라."

어머니의 말씀에 아버지는 농담으로 받으셨다.

"돈 안 들고 선텐을 하니 일거양득이지 뭘 그래! 요즘은
까무잡잡해야 매력이 있다고 하던데?"

"물론 당신이 좋으시다면야 까맣게 타도 상관없지만. 호
호!"

"걱정 마요, 죽을 때까지 생긴 그대로를 사랑할 테니까.
어디서건 땀흘려 일하는 게 가장 매력적인 거 아니야?"

"호호호 그렇다면 안심이네. 나는 가만히 있으면 손발이
근질근질해서 견디지 못하는 체질이니 ……."

"요즘은 일하는 여성이 아름답다고 광고에도 나와 있던
데?"

"일도 일 나름이겠지만, 얼마 전 신문에 보니까 청소부
아줌마가 교수님이 되셨더라구요. 참 훌륭해요."

"그것 봐, 건전한 일이라면 무엇이든 열심히 해서 좋은
열매를 맺으면 되는 건데, 요즘 10대들은 그걸 모르니 걱정
이지 ……."

아버지의 말씀에 주현이가 나섰다.

"아빠, 여기서도 수업하시게요?"

그러자 아버지는 너털웃음을 웃으셨다.

"허허, 녀석도!"

"우리 아빠가 중학교 선생님이시라는 거 세상 사람이 다 아는 사실이라니까요. 히히히."

"알았다. 그만 하자. 일하기 싫으면 먹지도 말랬으니 또 열심히 일해야지. 휴식시간 끝!"

중천에 떠오른 해가 제법 따가운 볕을 발하고 있었다.

꾸러기들의 발명잔치

주현이는 자리에서 일어나 밭둑에 세워둔 자전거 옆으로 다가갔다. 심심풀이로 자전거를 타고 주변을 한 바퀴 돌 생각이었다.

그런데 웬일인지 자전거가 넘어져 있었다.

"어? 자전거가 넘어졌네. 땅이 고르지 않나?"

혼자서 중얼거리며 자전거를 일으켜 세우려던 주현이의 눈이 무의식적으로 자전거 바퀴에 멎었다.

그 순간 주현이는 뒤통수를 뭔가에 얻어맞은 듯 불현듯이 떠오른 생각을 붙잡았다.

'그렇군! 바로 그거였어. 굴러가면서 땅에 구멍을 뚫는다면 구멍의 간격도, 깊이도 일정하게 뚫을 수 있겠어!'

주현이는 즉시 밭에서 나왔다.

"엄마, 저 먼저 집에 갈래요."

큰 소리로 외치며, 자전거를 끌고 가는 주현이를 향해 어머니와 할머니가 동시에 손을 흔드셨다.

"오냐, 집에 가서 공부해라."

주현이는 자전거 페달을 깊숙이 밟으며 힘껏 달렸다.

할머니 댁으로 온 주현이는 집안팎을 한 바퀴 돌아보다가 마침 창고 구석에 방치되어 있는 헌 자전거를 발견하게 되었다.

과거에 할아버지께서 타시다가 버린 오래되고 낡은 자

전거였다.

"옳지! 잘 되었군."

주현이는 헌 자전거의 타이어를 떼어 튜브를 제거하고, 일정한 간격으로 나무를 깎아 붙일 생각이었다.

우선 창고 구석에 쌓여 있는 목재들을 톱으로 자르고, 칼로 다듬어 나무팽이 모형을 만들었다.

그렇게 깎은 나무를 나사못으로 떼었다 붙였다하게 하여 간격을 조절할 수 있게 타이어에 붙였다.

핸들을 잡고 타이어를 굴려 보니 정말 잘 되었다.

'됐다, 이만하면 아쉬운 대로 쓸 수 있겠어.'

그 날 밤 집에 돌아오신 아버지와 삼촌에게 타이어 씨뿌리기를 보여 드리자 두 분은 번갈아가며 칭찬을 하셨다.

"우리 주현이 머리 한번 좋다. 어떻게 이런 기특한 생각이 났지?"

"다 형님 닮아서 그렇지요. 형님이 서울의 명문 고등학교에 입학했을 때 동네에서는 '개천에서 용 났다'고 떠들썩했잖아요. 부전자전이지요."

다음 날, 밭으로 가져가서 주현이의 발명품을 사용해 보신 아버지는 일이 훨씬 수월해졌다고 매우 좋아하셨다.

그러나 주현이는 그것에 만족할 수 없었다.

'기왕에 만들었으니 아예 씨도 저절로 나오는 자동 씨뿌

꾸러기들의 발명잔치

리기를 만들면 훨씬 편리할 텐데, 어떻게 하면 될까?'

그 순간부터 주현이는 눈을 감아도, 떠도, 심지어 밥을 먹으면서도 오직 그 생각뿐이었다.

그래서 우선 그림을 그려가며 여러 가지로 궁리해 보고, 자신의 생각을 실제로 모형을 만들어가며 실험을 했다.

처음에는 나무팽이마다 씨앗 넣는 곳을 만들어 여러 군데서 씨앗이 나오도록 설계했다.

그러나 막상 실제로 해보니 여러 곳에 씨앗을 넣는 것이 여간 불편하지 않았다.

'이게 아닌데. 아예 씨앗을 넣는 곳, 씨앗 나오는 곳, 씨앗 통, 보조바퀴, 씨앗 투입구 스프링을 만들자.'

주현이는 며칠 동안 집안에 틀어박혀 만들고 부수고를 반복했다. 모르는 것은 직접 농촌지도소를 찾아가 농기구 담당 아저씨와 상의를 했다.

드디어 제품이 완성되었다.

삼촌이 시범으로 주현이의 발명품을 사용해 보았다.

"야, 정말 대단하다. 이 기계는 대여섯 명이 아침부터 해야 할 일을 나 혼자서도 할 수 있게 해주는구나."

기계를 사용해 보신 삼촌은 이렇게 칭찬하며 기뻐했다.

"참 놀랍다. 역시 머리 좋은 집안은 따로 있어. 어떻게 조그만 네가 이런 기계를 발명했지?"

쓸수록 좋아지는 머리

72 ———— ♥

꾸러기들의 발명잔치

동네 아저씨들은 이런 칭찬을 하시면서 기계를 빌려 가셨다.

"아닙니다. 좋은 머리는 따로 있는 것이 아니라, 쓰면 쓸수록 좋아지는 것이 머리지요. 네!"

입이 함지박만하게 벌어진 아버지는 연신 웃으며 겸손하게 말씀하셨고, 할아버지와 할머니는 기분이 좋으신지 덩실덩실 춤을 추셨다.

"내가 지금 촌에 살아서 그렇지! 왕년에 나도 단단히 한 몫 했다는 것이 증명된 겨!"

아무튼 주현이의 씨뿌리는 자전거는 인기가 대단해서, 곧 이웃 마을까지도 소문이 났다.

"이것만 있으면 농사 짓는 것은 일도 아니네. 헛허허!"

봄방학이 끝나기 하루 전날, 주현이네 가족은 모처럼 홀가벼운 마음으로 할아버지 댁을 떠나왔다.

"주현아, 공부도 열심히 해서 네 아버지처럼 되어야 혀."

동구 밖에서 손을 흔드시던 할머니의 모습도 예전처럼 서운해 보이지만은 않았다.

"네, 안녕히 계세요."

고주파 주현이의 머리는 이렇게 빛을 보았고, 돌아오는 발길은 너무 가벼웠다.

"주현이 덕에 아빠 마음이 가볍다."

　　아버지의 말씀 탓에 더욱 그랬다. 따스한 햇볕이 눈부시
게 빛나는 그런 오후였다

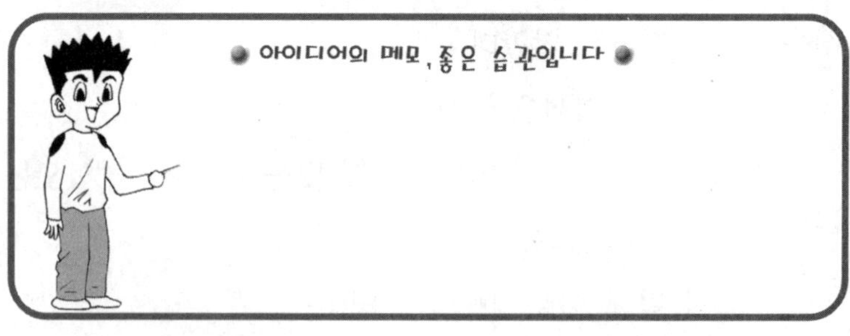

주목이의 꿈과 발명

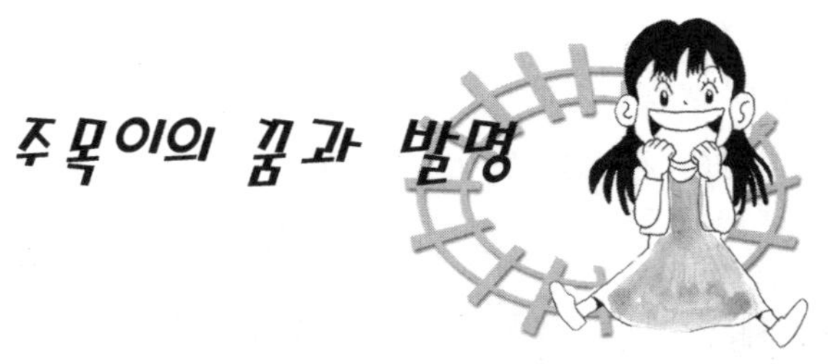

2022년 10월 1일, 맑음

일요일이어서 늦잠을 잤다.

"주목, 전달되지 않은 편지 있음."

자동 컴퓨터가 나를 급히 깨우고 있었다.

서해에 있는 수산물 본부에서 조기가 많이 부족하여 추석 전의 물량 공급에 지장이 있겠다는 전달이었다.

나는 자동으로 문이 열리는 자동차에 올라탔다.

"자, 출발이다."

내 목소리를 인식한 자동차는 서서히 달려서 인천 앞바다로 갔다.

그 곳에는 나의 전용 잠수함이 나를 기다리고 있었다. 잠수함을 타고, 깊은 해저에 있는 나의 사무실로 내려갔다. 오염되지 않은 물 속에는 각종 어류들이 즐겁게 헤엄치며 놀고 있었다.

　나는 전파를 발사하는 단추를 눌렀다. 가까이에서 놀고 있던 조기들이 전파를 받고, 내 잠수함 안으로 몰려오기 시작했다.

　첫번째 방에 들어온 고기들 중에서 큰 고기만을 두 번째 방으로 보냈다. 안은 그물로 되어 있고, 겉은 알루미늄으로 된 상자 속에 고기들이 나누어 들어갔다.

　그러자 나의 조수가 신호를 보내왔다.

　“준비 완료!”

　나는 육지에 있는 크레인으로 그 상자들을 끌어 올렸다. 상자들은 곧 비행기에 실려 수산물 유통본부로 보내졌다. 나는 안도의 숨을 내쉬었다.

　‘됐다. 이제 너희들은 나가라.’

　첫번째 방에 모여 있던 작은 고기들을 살펴보고 나는 다시 조수에게 신호를 보냈다.

　“첫번째 방문을 열고, 고기를 다시 바다로 내보내라.”

2022년 10월 9일, 흐림

　나의 연구실에서 턱을 괴고 앉아 생각에 골몰하고 있는데 바다에 나가 있는 조수에게서 연락이 왔다.

　“사장님, 해저 사무실로 좀 오셔야 되겠습니다.”

꾸러기들의 발명잔치

“음, 곧 가지.”

잠수함을 타고 바다로 내려갔다. 사무실 안에는 철갑상어 알이 부족하다는 통신이 컴퓨터를 통해 들어와 있었다.

먼 바다에 있는 철갑상어를 모으자면 시간이 많이 걸릴 것이다. 나는 곧 대서양에 있는 3호 사무실에 연락을 취했다.

“라임 초음파를 쏘아라.”

“철갑상어 200마리를 1호 사무실로 보내라.”

아마 내일 오전 10시쯤이면 철갑상어가 내 해저 사무실에 도착하게 될 것이다.

2022년 10월 10일, 비

오전 10시 10분, 나의 해저 사무실에 갔다. 바다 위로는 비가 추적추적 내리고 있어 다소 을씨년스러운 날씨였지만 사무실 안은 따뜻했다.

상어들은 이미 도착하여 여러 대기실에 들어가 있고, 10마리는 알 낳는 방에 들어가 서성대고 있었다. 나는 상어들의 움직임과 건강상태를 보며 초음파의 단추를 눌렀다.

상어들이 알을 낳기 시작했다.

“상자에 담아라.”

상어알은 상자에 담겨 이동되었다.

일부는 상어 양식장으로 가고, 일부는 고급 요리를 위한

조릿감으로 포장되어 호텔로 가거나, 외국으로 수출된다.

"그럼 수고하게."

뒷일을 조수에게 맡긴 나는 육지에 있는 나의 연구실로 돌아왔다.

물고기를 모으는 전파는 내가 33살 때 발명한 것이다. 고기의 종류에 따라 초음파를 보내면 고기들이 몰려오는 것이다.

내 발명으로 인하여 어부들은 먼 바다에 나가 폭풍우와 싸우지 않고도, 좋은 고기를 잡을 수 있게 되었다.

"주목 사장님, 위대한 초음파 발명으로 세계 수산시장을 석권하셨는데 그 소감을 말씀해 주십시오."

꾸러기들의 발명잔치

사람들은 나를 잘 대접하고, 기자들도 인터뷰를 하기 위해 나를 쫓아다니지만 내 생각은 다른 데 있다.

"담담합니다. 노력의 결과니까요."

"어린 시절에 별명이 왕초였다는데 그래서 진짜 바다의 왕초가 된 것 아닙니까?"

"허허허, 그런지도 모르지요."

웃음으로 기자들을 따돌리고 나는 다시 연구실로 들어갔다.

요즘 내가 연구하는 것은 바닷속으로 파이프를 연결하여, 어떻게 하면 UFO 같은 비행물체를 날려보낼 수 있는가 하는 것이다.

"사장님, 식사하시고 연구하세요."

"밥? 응, 먹어야지!"

그 때 누군가 세차게 흔들어 깨우는 바람에 주목은 눈을 번쩍 떴다.

"주목아, 해가 중천에 떠 있다. 아무리 봄방학이라지만 너무 게으름을 피우는구나. 어서 일어나 밥 먹어!"

어머니였다.

'아이쿠, 내가 벌써 마흔이 넘었다니! 하지만 대단한 성공이었어.'

주목이의 꿈과 발명

주목은 침대에서 몸을 벌떡 일으키며 어머니께 말했다.

"엄마, 멋진 잠수함을 태워 드리려고 했는데 왜 깨우세요?"

그러자 어머니는 주목의 엉덩이를 손바닥으로 찰싹 내리쳤다.

"잠수함? 나는 티코가 더 좋다. 빨리 밥이나 먹으라니까!"

"엄마, 농담이 아니라니까요. 제가 마흔세 살이 될 때까지만 기다리세요. 세계가 깜짝 놀랄 최고의 발명가가 될 테니까요."

주목이는 어머니의 손을 가볍게 잡으며 정색을 하고 말했다.

"그것도 30년 뒤에나? 나는 벌써 날개를 달고 천국으로 가 있겠다. 세계는 그만 두고, 이 곳 우리 동네에서부터, 알았지? 작은 것부터다!"

"작은 것부터라고요?"

주목은 입안으로 어머니의 말씀을 되뇌이며 자리에서 일어났다.

그 때 밖에서 큰 소리와 함께 비명이 들려왔다.

"콰당탕탕 …… 아이쿠 엉덩이야!"

"아니, 이게 무슨 소리지?"

꾸러기들의 발명잔치

　방문을 열고 밖으로 나가시는 어머니를 따라 주목이도
급히 따라 나갔다.

　"이 녀석, 또 걸상을 뒤로 젖히면서 장난하다가 뒤로 넘
어졌구나."

　어머니의 말씀과 함께, 주목이의 동생 주석이가 얼굴을
찡그린 채 엉덩이를 붙잡으며 일어나고 있었다.

　"아이구, 그러면 그렇지!"

　주목이가 말하는 사이 안방에 계시던 아버지께서 밖으
로 나오시며 껄껄 웃으셨다.

　"하하하, 저 녀석이 또 ……."

　주석이는 전에도 자주 의자를 가지고 장난치는 습관이

있었다. 그러다가 오늘처럼 걸상이 뒤로 넘어질 때가 가끔 있었다. 그 바람에 주석이는 뒤통수를 부딪치고 엉덩방아까지 세게 찧어 몹시 아픈 듯 쩔쩔매는 것이었다.

주목이는 동생의 그런 모습에 처음에는 킬킬거리고 웃었다. 그러다가 갑자기 웃음을 멈추었다.

'만일 내가 의자를 가지고 장난을 치다가 넘어졌다면?'
하는 생각에 눈앞이 아찔해진 것이다.

사실 주목이도 장난을 좋아해서 주석이처럼 의자를 가지고 장난을 잘 하는 편이었기 때문이다.

'엉덩이에서 불이 났을 거야.'

'아니 뒤통수를 찧어 별이 보였거나 팔이 부러졌을지도 모르지.'

생각이 여기에 미친 주목이는 다시 생각하니 동생이 무척 아팠을 것 같았다.

'그래, 주석이가 의자에 앉아 장난하지 못하게 하려면 어떻게 해야 할지 연구해 봐야겠어.'

주목이는 방안으로 들어가, 곰곰이 생각하기 시작했다. 그러나 좋은 생각은 잘 떠오르지 않았다.

그래서 "실수를 하거든 원인을 분석해 보라"고 하신 선생님의 말씀을 떠올리며 원인부터 알아보았다.

주목이는 의자를 살펴보고, 장난치듯 넘어져 보며 원인

꾸러기들의 발명잔치

을 분석했다.

그 결과 동생이 걸상에서 넘어지는 원인을 먼저 파악해야 했다.

'흠, 두 다리로 방바닥을 밀면서 몸을 뒤로 젖히면 의자의 앞다리는 들리고, 뒷다리만 땅에 닿게 된다. 그런 상태에서 흔들면서 장난하게 되면 뒤로 넘어질 수밖에…….'

또한 다음과 같이 걸상이 넘어지게 되는 문제점도 파악하였다.

'철제로 되어 있는 걸상의 다리가 곧게 만들어져 있어서, 쉽게 뒤로 기울어질 수밖에 없게 되어 있군.'

원인을 분석한 주목은 걸상이 넘어지는 문제점을 해결할 방법을 찾기 시작했다.

그러나 좀체 뾰족한 방법이 떠오르지 않았다.

그렇게 이틀이 지난 후, 주목은 동생과 함께 어머니를 따라 민속박물관에 가게 되었다.

"잘 봐 둬라. '백문이 불여일견'이라고 백 번 듣는 것보다 한 번 보는 것이 낫다니 자세히 구경해."

주목은 그런 어머니의 말씀을 한쪽 귀로 들으며 박물관 내부를 구경했다.

그러다가 지게가 받쳐 있는 곳에서 발길을 멈추었다. 어머니께서 지게를 보시더니 한마디를 하셨다.

"어머나, 세상에! 저 지게 좀 봐, 지금 보니 너무 귀엽다. 그치?"

그 순간 주목이의 머릿속으로 휙 지나가는 좋은 생각이 있었다.

'그렇군. 간단한 원리야! 넘어지지 않게 하려고 작대기를 받쳐 놓았어.'

주목이는 박물관의 내부를 구경한 뒤에도 머릿속에는 오직 그 한 생각뿐이었다.

집에 돌아오는 길에 어머니께 물었다.

"엄마, 옛날 우리 조상님들은 정말 지혜로우셨던 것 같아요."

"왜?"

어머니는 주목을 돌아보며 반문하셨다.

"수학이나 과학에 대해서는 전혀 배우지도 못했을 텐데, 사용한 물건들을 살펴보면 참 과학적이거든요."

"그래! 나도 가끔 그런 생각을 한단다. 네 외할아버지 외할머니께서 하신 말씀이나 가르침들이 그 당시에는 별거 아니라고 무시해 버렸는데 시간이 흐를수록 '그게 진리구나' 하는 생각이 들거든……."

어머니는 갑자기 슬픈 표정이 되어 먼 하늘을 바라보셨다.

아마 이 세상에 계시지 않은 두 분이 그리운 모양이라고

꾸러기들의 발명잔치

생각하며 주목이는 얼른 화제를 바꾸었다.

"엄마, 주석이가 의자를 가지고 장난치지 못 하게 할 방법이 생각났어요."

"그래? 그거 잘됐구나. 그런데 사실 장난은 네가 더 잘 치지 않았던가? 호호호."

어머니의 말씀에 주석이가 눈을 크게 뜨며 말했다.

"어? 엄마는 형이 장난치는 것을 어떻게 아세요? 한 번도 넘어지지 않았는데……."

그러자 주목이는 다소 고개를 빼고 점잖은 표정을 지어 보이며 말했다.

"흠, 그거야. 바로! 애들하고 형이 다른 점이라는 거지…… 히히히."

주목이와 주석이의 표정을 번갈아 보시던 어머니는 의미심장한 미소를 지어 보이며 말했다.

"어른이 되면 다 아는 수가 있지."

세 모자는 이런 저런 이야기를 주고받으며 집으로 돌아왔다.

주목이는 집에 도착하자마자 자신의 구상도를 그려 어머니께 보여 드렸다.

"엄마, 이걸 보세요. 여기 의자의 뒷다리를 'L'자로 구부리면, 아무리 장난을 치려 해도 잘 넘어지지 않아요. 그렇죠?"

주목이의 꿈과 발명

꾸러기들의 발명잔치

"오, 그렇겠구나. 아버지께 말씀드려서 당장에 하나 만들어 달래자. 정말 멋진 아이디어다."

그 날 밤, 주목이는 어머니와 함께 구상도를 아버지께 보여 드리며 설명했다.

"아빠, 여기 넘어지지 않는 걸상을 보세요. 이렇게 만들면 주석이가 넘어지지 않게 됩니다."

아버지는 주목이의 설명을 듣고 나시더니 호탕하게 웃으시며 쾌히 승낙했다.

"허허허, 역시 왕초는 왕초구나! 그럼 우리 당장에 만들자."

"네에? 아빠 제 별명을 어떻게 아셨어요?"

"응, 다 아는 수가 있지. 우리 이씨 가문에 발명가가 나왔으니 경사로다. 여보, 피자 한 판 부르시오."

"우와, 신난다. 헷헤헤."

주목이와 동생은 만세를 불렀다.

그 후, 넘어지지 않는 걸상을 만들어서 주석이에게 앉게 했더니, 걸상이 뒤로 기울어지지 않아 장난도 치지 못하고 바른 자세로 앉아 있게 되었다. 그것을 보고 주목이는 매우 기쁘고 자랑스러웠다.

'역시, 부모님 말씀이 맞아! 작은 것부터 시작하길 잘했어. 더 열심히 탐색하고 연구하다 어른이 되면 기막힌 전파

를 개발해서, 세계 제일의 해저 사무실을 갖고 말 거야. 정
말 기분 좋은 날이다.'

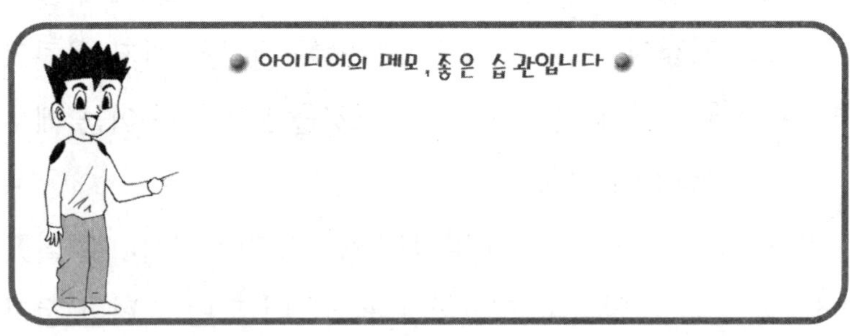

꾸러기들의 발명잔치

실패는 또 다른 발견

　한규는 봄방학을 이용하여 글라이더를 만들어 볼 생각이었다.

　그래서 방학이 시작되자마자 백화점으로 달려갔다.

　글라이더 부품과 강력접착제를 산 뒤, 집으로 돌아오는 발걸음은 날아갈 듯했다.

　'나도 열심히 만들어서 형들처럼 잘 날려 봐야지. 그래서 대회에도 참가해 보고, 생각만 해도 기분 좋다. 히이.'

　집에 도착한 한규는 칼과 풀, 가위를 준비한 뒤, 설명서에 따라 글라이더를 만들기 시작했다.

　우선 동체를 사포로 닦고, 댓살을 접착제로 붙이고 다음에는 리브를 붙였다. 그러나 리브가 자꾸만 떨어져 나중에는 화가 났다.

　'에잇, 이게 왜이렇게 속일 썩이지. 그냥 확 부서 버릴까

보다. 치이.'

그러다가 한규는 나무에게도 관성이 있어 바로 펴려고 하는 힘이 작용한다는 사실을 깨닫게 되었다.

'그렇군. 세 살 먹은 아기도 쥐어박으면 아프다고 소리치는데, 이 리브도 제 힘을 쉽게 꺾이고 싶지 않겠지.'

한규는 오히려 새로운 사실을 발견한 데 대한 기쁨을 느끼며 하던 일을 더욱 열심히 했다.

리브 조립이 끝나자, 마지막으로 가위로 종이를 정성껏 잘라서 풀로 붙여 말린 뒤 분무기로 물을 뿌렸다. 그리고 후크도 끼워 넣었다.

'됐다. 이제 완성이다.'

그 때, 밖에 나가 있던 형이 돌아왔다.

"한규야, 뭐 하느라고 초인종을 눌러도 대답이 없니?"

한규의 형 한수는 고등학교 1학년으로 컴퓨터 학원에 다니는 중이었다.

"미안해 형, 글라이더 조립하느라고 못 들었어."

"그랬니? 어디 보자. 잘 만들었구나."

"한번 날려 보려는데, 형도 같이 갈 거야?"

"그래, 좋아!"

이렇게 한규는 다 만들어진 글라이더를 가지고 형과 함께 학교 운동장으로 나갔다.

꾸러기들의 발명잔치

한규는 글라이더가 될 수 있으면 높이 날도록 하기 위해 뒤도 돌아보지 않고 빨리 달렸다.

'이제 됐겠지?'

한참을 달리다가 이렇게 생각한 한규가 뒤를 돌아보니 보조해 주던 형은 화를 내고 있고, 글라이더는 질질 끌려오고 있었다.

"한규야, 너 혼자만 가면 뭐해! 그렇게 불러도 모르니?"

"미안해 형, 그런데 이게 왜 안 날지? 설명서대로 했는데……."

정말 이상하게 생각되었다. 한규는 자신이 잘 날리지 못해서 그런가 보다고 생각하며 이번에는 형에게 말했다.

"형이 날려 볼 거야?"

"그래, 이리 줘봐!"

한수가 글라이더를 날려보자 처음에는 조금 뜨는가 싶더니 역시 땅에 내리박혔다.

한수는 글라이더를 들고 주의깊게 살펴보더니 한규에게 말했다.

"글라이더를 잘못 만들었구나."

"그래? 형, 뭐가 문제야?"

우선 날개의 각도가 맞지 않는다고 하는 형의 말을 듣고 보니 몇 가지 잘못된 점이 있었다.

실패는 또 다른 발견

날개의 각도를 맞추려면 길이를 맞게 잘라야 하는데, 사 온 재료를 그대로 붙여서 만들었기 때문에 날개의 한쪽이 좀 더 무거웠다.

"리브를 모두 방향이 같게 붙여야 하는데, 하나가 거꾸 로 붙여 있으니 기압을 바꾸어 놓을 수밖에 ……."

"정말 그렇네, 형!"

그리고 리브 등 몸체를 사포로 더 잘 다듬은 것과, 그대 로 한 것을 비교해 날려 보았을 때 잘 다듬은 것이 좀더 잘 난다는 것이 증명되었다.

"바람의 저항을 없애 주기 위해서는 작은 것도 신경을 써야 해."

"역시, 형말이 맞아!"

꾸러기들의 발명잔치

종이를 붙일 때도 종이를 붙인 뒤에 가장자리로 튀어나온 종이를 잘라야 되는데, 종이 자르기를 먼저 했기 때문에 틈이 조금 생기게 되었고, 골고루 바람을 받도록 팽팽하게 만들어야 했는데 이것 또한 그렇지 않았다.

"한규야, 다시 해보자."

"알았어 형!"

한규는 종이를 붙이고, 마를 때까지 글라이더를 움직여 바람을 받는 형태가 되도록 말렸다.

그리고, 찢어진 곳을 입혀 붙이면 한쪽이 무거워져서 양쪽 무게의 균형이 맞지 않을 것 같아, 겹치지 않게 하고 종이 끝을 잘 붙여서 저항을 받는 면이 없도록 했다.

"이것 봐, 후크를 무게 중심보다 조금 위에 달아야 하는데 무게 중심에 단 것도 잘못이야. 머리 부분에 무게를 주어 운동의 추진 가속력이 생기게 해야 하는 거야."

한규는 형의 지적과 가르침을 통해 많은 것을 깨닫게 되었다.

"기분만 가지고는 되는 일이 없네. 하나하나 신중하게 해야지!"

한규는 여러 번 실패를 거듭하면서 잘못된 점들을 고쳐 더 좋은 글라이더를 만들기 위해 다시 백화점으로 갔다.

'이번에는 실수하지 말아야지.'

실패는 또 다른 발견

재료를 사온 한규는 글라이더가 바람을 잘 타고, 가볍게 하기 위해 동체를 세모꼴로 깎았다.

그리고 가장 중요한 댓살 구부리기에서는 형의 항공기 사전을 보고, 불에 쬐어 각도를 맞추었다.

설명서를 여러 번 보며, 날개 길이를 똑같이 자르고, 그 다음에는 리브를 방향이 틀리지 않게 주의해서 붙였다.

'종이도 틈이 없이 팽팽하게 붙여서 바람을 골고루 잘 받아 저항이 없도록 해야지!'

이렇게 정성을 들여 다 만든 뒤에 한규는 다시 형과 함께 운동장으로 나갔다.

"한규야, 이번에는 자신 있니?"

"응, 형이 말한 것을 한마디도 놓치지 않고 주의해서 만들었으니까, 이번에는 틀림없이 잘 날을 거야."

"그래? 어디 한규 실력을 보자."

한규는 잘 날리는 것 또한 중요하다는 것을 깨달았기 때문에, 처음에는 빨리 달리지 않고 천천히 뒤를 돌아보며 걸었다.

그러다가 글라이더가 떴을 때 빨리 달리고, 높이 올라갔을 때는 손으로 살짝 튀겨서 실을 뽑아 주었다.

그러면서 한규는 가만히 결과를 지켜보며 기다렸다. 정성을 다한 결과로 마침내 한규의 글라이더는 높은 창공을 유

유히, 오랫동안 날아 주었다.

"이야! 성공이다."

바람을 받아 독수리처럼 떠오르기도 하고, 제비처럼 시원스럽게 날기도 하는 한규의 글라이더는 정말 멋있었다.

"됐어! 이게 바로 내가 원하던 거야. 헤헤헤."

마침내 목적을 이룬 한규는 너무 기뻐서 자신이 하늘을 날고 있는 느낌이 들었다.

"야, 한규! 정말 잘했다."

"짝짝짝! 멋있다."

옆에서 구경하던 형과, 운동장에 나와 있던 친구들이 박수를 치며 기뻐해 주었다.

글라이더가 착륙하고 난 후에 초시계를 보니 30초가 걸렸다.

"딱 30초야 형!"

"그래, 대단하다. 우리 한규 집념은 알아줘야 해! 이런 노력이라면 학교에서도 1등은 문제없겠다."

한수는 마치 선생님처럼 동생의 어깨를 두들겨 주며 칭찬을 아끼지 않았다.

한규의 글라이더는 비록 모형 항공기에 불과하지만, 속으론 이렇게 생각했다.

'진짜 비행기도 이런 과정을 거쳐서 만들어졌을 거야.

실패는 또 다른 발견

꾸러기들의 발명잔치

나도 커서 어른이 되면 내 손으로 내 비행기를 만들고야 말
겠어.'

그런데 같이 걷던 형이 말했다.

"참! 한규야. 네 비행기에 이름을 붙여야지. '창공의 독
수리'가 어떻겠니?"

형의 말에 한규는 어깨를 으쓱하며 대답했다.

"창공의 독수리? 그건 좀 구식 같아 요즘 유행되는 새로
운 이름이 없을까? 형!"

"그럼, 내가 인터넷으로 들어가서 멋진 이름이 있나 알
아볼게."

"고마워, 형."

"짜식, 고맙기는 ……. 쨔샤! 이 형이 사줄 테니까 가서
빡지게 먹자."

"히히히, 그거 짱이야 형."

한규는 형과 어깨를 나란히 하여 걸었다.

'형이 있다는 건 정말 큰 행복이군. 동생으로 태어나길
잘했어. 흐흐흐.'

봄볕이 무르익어 포근한 봄 방학도 이렇게 끝나가고 있
었다.

"한규야, 나는 또 공부하러 가야 되니까, 너 먼저 집에
가라. 이사해서 할 일도 많을 텐데 네가 대신 엄마 좀 도와

실패는 또 다른 발견

드리고."

"응, 아! 잘 먹었다."

"그럼 나 간다."

"알았어 형, 갔다 와!"

한규는 형과 헤어져 타박타박 걷다가 대로변에서 지하철 공사를 하느라, 굴삭기로 땅을 파는 모습을 보게 되었다.

얼마 전, 한규네는 새로 지은 임대아파트로 이사를 했는데 벽이 깨끗해서 좋았지만, 옷 하나 걸어둘 곳이 없어서 무척 불편했다.

"큰일났네!"

몇 점 안 되는 그림과 액자를 벽마다 대어 본 어머니는 혼잣말로 걱정하셨다.

"한규야, 망치와 못 좀 가져 오너라."

일단은 액자를 놓은 채 짐을 정리하신 어머니는 아무래도 안되겠다 싶었던지 한규를 불렀다.

"뭐 하시게요? 엄마."

"못을 박아야지. 네 아빠 퇴근 때까지 기다리려고 했는데 액자를 걸지 않으니까? 도대체 정신이 없구나."

한규의 어머니는 성격이 깔끔해서, 무엇이건 정리가 안되면 딱 질색이셨다.

한규는 못과 망치를 찾아 드리면서도 불안하기 짝이 없

꾸러기들의 발명잔치

었다. 언젠가도 어머니는 못을 박다가 손을 다쳤기 때문이었다.

"엄마, 여기 있어요. 조심하세요."

어머니는 벽면에 그림을 대보며 알맞은 위치를 잡아 못을 박기 시작했다.

그러나 한규가 걱정했던 대로 어머니의 못 박는 일은 몹시 불안했다.

"이거 왜 안 들어가!"

벽은 콘크리트로 되어 있어서 못이 들어가지 않아, 펜치로 못을 잡고 망치로 두들겼지만 못이 박히기보다는 튀어나오기 일쑤였다.

실패는 또 다른 발견

한규는 튀어나오는 못에 어머니가 다칠까봐 몹시 조마조마했다. 요행히 박힌 못도 반듯하게 박히지 않고, 삐뚤어지게 박혀 있었다.

겨우 못을 박아 액자를 걸긴 했지만 여기 저기 벽이 패어 보기가 흉했다.

그 때 한규는 어머니가 못 박는 일을 도와 드리면서 '간편하고 쉽게 못을 박을 수 있는 기구는 없을까?' 하고 생각했던 것이다.

그런데 마땅한 생각이 떠오르지 않아 궁리하던 것을 잠시 미루고, 글라이더에 정신이 팔려 있었다.

그러다가 굴삭기가 땅을 직각으로 파는 모습을 보게 된 것이다. 굴삭기가 움직이는 모습을 한참 동안 바라보던 한규의 머릿속으로 무언가가 떠올랐다.

'그래, 바로 저거다.'

한규는 즉시 집으로 뛰어가 설계도를 그리기 시작했다.

'야호! 내일 선생님께 보여 드릴 좋은 아이디어가 생겼군.'

한규는 새 학기가 되고, 또 한 학년이 높아질 생각을 하니 갑자기 기분이 좋아졌다.

'이제 6학년이 되는 거야!'

꾸러기들의 발명잔치

한규의 이런 기분은 한규 혼자만의 생각이 아니었다.

비슷한 시간에 진석, 문희, 은정 그리고 주현, 주목이도 같은 생각을 하고 있었다.

선생님 또한 개학을 준비하며 아이들에게 좀더 새로운 것들을 가르쳐 주기 위해 책을 뒤적이고 있었다.

'녀석들, 이제 완전 고학년이 되는군. 한 해 동안 뭔가 더 유익하고 보람 있는 생활이 되도록 좀더 수준 높은 발명의 방법을 가르쳐 주어야 할 텐데……. 그 동안 어떻게 지냈을까?'

이윽고 날이 밝았다.

선생님은 아침 일찍 출근하여 발명 동아리 교실을 둘러보고 계셨다.

"선생님, 안녕하셨어요?"

제일 먼저 교실 안으로 들어선 것은 은정이었다.

"오, 은정이구나. 잘 지냈니?"

"네, 선생님! 보고 싶었어요."

그 때 주목이 들어서며 말했다.

"은정아, 벌써부터 살살거리기냐? 선생님, 저 애 말은 믿지 마세요."

그 때 한규와 진석, 문희가 들어섰다.

"선생님, 안녕하세요? 더 멋있어지셨어요."

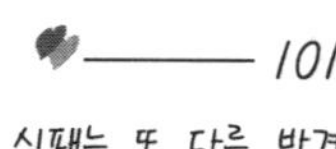

“녀석들……, 어서 오너라.”

주현이와 다른 친구들이 한꺼번에 와락 밀려들자 선생
님은 팔을 크게 벌리시며 말했다.

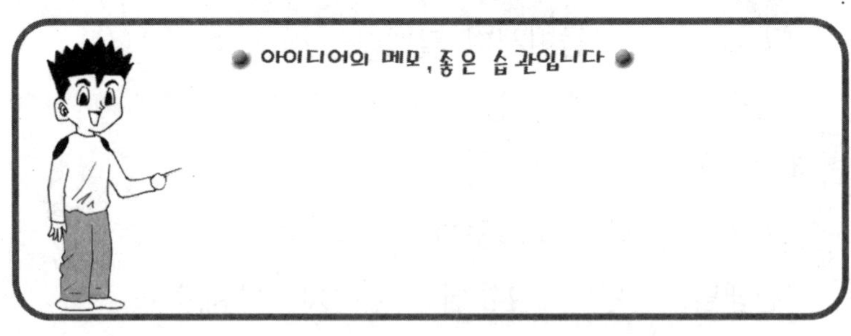

꾸러기들의 발명잔치

분명한 목표

　"자, 이제 새 학기가 시작되었으니 뭔가 달라져야지. 봄 방학 동안 자기가 실수했던 원인을 분석해 보라고 했는데 어떤 결과를 가져왔는지 발표해 보도록 하겠어요. 그럼 누구부터 할까?"

　구부정한 허리에, 콜롬보 형사 같은 목소리와 표정으로 선생님은 천천히 발명 동아리 아이들을 둘러보며 말했다. 그러자 제일 먼저 은정이가 손을 들었다.

　"선생님, 저는요. 이번에 확실하게 문지방을 해결했어요. 그런데 세상에는 튀어나와서 나쁜 것도 있지만, 오히려 좋은 것도 있다는 것을 아울러 깨달았고요."

　선생님은 머리를 갸웃갸웃하시며 은정이에게 질문을 던졌다.

　"문지방을 해결했다는 것은 이해가 되는데, 언제는 튀어나온 문턱 때문에 망신을 당했다고 난리더니 오히려 좋은 것이 있더라고?"

"네, 선생님!"

은정이는 여유 있게 대답하고는 그간의 자초지종을 이야기하기 시작했다.

"흐음, 그러니까 망신살이 뻗쳤다고 노발대발한 것이 오히려 발명의 동기가 되었단 말이구나. 문턱 없는 문지방과, 병뚜껑이 거꾸로 달린 샴푸 병은 정말 기발한 아이디어구나. 그래, 잘했어!"

선생님의 칭찬과 함께 아이들은 요란하게 손뼉을 쳤다.

박수가 그치기를 기다려서 이번에는 진석이가 손을 들었다.

"진석이는 어떤 실수를 했었는지 말해 봐요."

"네, 선생님. 저는 어머니를 도와 화단의 잡초를 뽑는다는 것이 그만 사르비아 꽃을 몽땅 뽑아놓아서 꾸중을 들었는데요."

"흐음, 잡초와 꽃을 구분 못 했다."

혼잣말처럼 중얼거리던 선생님이 잠자코 팔짱을 끼고선 채 생각에 잠겨 있다가 큰소리로 진석이를 불렀다.

"진석아, 네 시력이 그렇게 나쁘냐?"

그러자 교실 안은 갑자기 웃음바다가 되었다.

꾸러기들의 발명잔치

분명한 목표

"왓하하하, 헤헤헤."

"깔깔깔, 낄낄낄."

그렇다고 얼굴이 빨개질 진석이가 아니었다.

"아이! 그런 게 아니라 선생님, 호미가 시력이 나빴다니까요."

"뭐? 눈이 달린 호미를 발명했어?"

그제서야 진석이는 터지려는 웃음을 참으며 설명을 시작했다.

"히히히, 그것이 그러니까요. 호미가 있었는데 어찌나 무디고, 둔한지 ……."

진석이의 설명을 들으며 선생님과 아이들은 마침내 입을 크게 벌렸다.

"오호라, 그러니까 눈만 달린 것이 아니라 손발까지 달린 다용도 호미를 개발했다는 거구나. 대단한걸. 좋아! 멋진 호미다."

선생님의 농담 섞인 칭찬에 아이들은 또 와르르 터지는 웃음과 함께 박수를 보냈다.

교실 안이 조용해지자 이번에는 문희가 얌전하게 일어났다.

"선생님, 저는요. 혼자서 집을 보다가 그만 고추장에 비를 맞히는 큰 실수를 저질렀어요. 그런데 어머니께서 꾸중

꾸러기들의 발명잔치

을 하시기는커녕 흔히 있는 일이라며 오히려 절 안심시켜 주
셨어요."

그러자 아이들은 일제히 입을 벌렸다.

"와!"

"그랬어? 어쩐지 문희가 얌전하다 했더니, 그런 기막힌
사연이 있었어?"

선생님의 농담에 문희는 미소를 지으며 그간의 이야기
를 했다.

"그래서 햇빛을 그대로 받아들일 수 있는 장독 덮개를
만들어 친척집에도 나누어 드렸습니다."

"와아!"

아이들은 또 한번 일제히 손뼉을 쳤다.

"문희 어머님은 너무 멋쟁이시구나. 그러니까 예쁜 문희
를 낳으셨지. 역시 그 어머니에 그 딸이다."

선생님의 칭찬을 들으며 문희가 슬그머니 자리에 앉자
이번에는 주현이 일어났다.

"선생님, 저는 '머리는 쓸수록 좋아진다'는 사실을 발견
했어요."

"그래? 그건 어디서 많이 듣던 이야기 같은데……."

시치미를 떼며 말씀하시는 선생님의 태도에 아이들도
태연하게 듣고 있었다.

그러자 주현이 말을 이었다.

"맞습니다요, 선생님. 바로 선생님께서 하신 말씀입니다요."

"아무튼 어떻게 닦고, 조이고, 기름을 칠했는지 설명해봐요. 고주파!"

주현은 선생님의 농담 섞인 말씀에 더욱 친근감을 느끼며 설명을 시작했다.

"예, 그렇게 되어서 저는 결국 자전거를 이용한 씨뿌리기를 만들어 할아버지와 삼촌께 드리고 왔습니다."

그 때 뒷자리에 앉아있던 누군가가 놀란 목소리로 말했다.

"와, 과연 고주파다!"

그와 동시에 아이들은 일제히 손뼉을 쳤다.

"히히히, 저는 그럼 이만!"

주현은 양손가락을 V자로 만들어 번쩍 들어 보이며, 아이들을 향해 꾸벅 인사를 하고는 자리에 앉았다.

다음에는 왕초 주목이 벌떡 일어나 입을 열었다.

"선생님 저는요, 꿈이 발명을 한다고 생각합니다. 꿈이 없으면 망한다고 했는데요. 작은 것부터 시작하라는 어머니의 말씀을 새겨 듣고, 제가 직접 동생의 장난기를 그치게 했습니다."

꾸러기들의 발명잔치

“동생이 아니라, 바로 왕초 아냐?”

선생님은 선 채로 눈을 슬그머니 감았다 뜨며 말했다. 그 바람에 아이들이 깔깔대며 웃기 시작했다.

“맞아요, 맞아! 히히히.”

“후후후, 왕초야 바른 대로 말해라이.”

아이들이 왕초를 향해 지우개를 던지며 모두들 한마디 씩 했다.

“아, 잠깐. 주목!”

왕초 주목이가 팔로 얼굴을 막는 시늉을 하며 말하자, 아이들이 조용해졌다.

“그러니까, 거듭 말하거니와, 다시 말해서, 다음 성적표 를 보면 틀림 없이 이변이 일어날 겁니다. 헤헤헤.”

그리고는 주목이 그간의 이야기를 슬슬 꺼냈다.

“제가 만들어낸 의자로 말씀드릴 것 같으면…….”

“으흐음, 뒷다리를 구부려서 넘어지지 않는 의자를 만들 었다? 그렇지. 멋진 생각이다. 아니, 왕초다운 발상이야. 과연 …….”

선생님의 칭찬은 늘 이런 식이었다. 그래서 왕초는 넥타 이를 고치는 시늉을 해 보이며 선생님께 꾸벅 인사를 하고는 자리에 앉았다.

한규는 책가방 안에서 천천히 설계도를 꺼내고 있었다.

"한규야, 너는 감자라도 쪄왔니? 뭘 그렇게 꾸물대는
겨!"

선생님은 팔짱을 끼고 서서 슬그머니 곁눈질로 한규를
보며 농담을 하셨다. 빨리 일어나 발표해 보라는 재촉의 뜻
이었다.

한규는 그와 동시에 설계도를 들고 당당하게 앞으로 나
갔다.

"선생님 저는요, 글라이더를 만들었는데 처음에는 아주
엉망이었어요. 그래서 형에게 혼나기도 했지요."

"그러니까 실패는 성공의 어머니라고 했잖아! 그리고 좋
은 약은 입에 쓰고……, 그래서 어떻게 되었니?"

선생님은 한편으로는 설계도를 훑어보고, 또 한편으로
는 한규를 바라보며 무언가를 열심히 찾으셨다.

"선생님, 그건 글라이더 설계도가 아니라 사실은 '못박
이용 지지구'라고 어머니를 위해 만들고 싶은 발명품 설계도
입니다."

한규가 미처 설명을 마치기도 전에 선생님은 머리를 끄
덕이셨다.

"어쩐지, 웬 글라이더가 뼈대만 있고 날개가 없나 했지!
그래서 여태 찾고 있는 중이었다."

그제서야 아이들은 선생님의 장난기 서린 속마음을 깨

꾸러기들의 발명잔치

닫고, 웃기 시작했다.

"그러니까 우리 선생님이시지."

"정말 모르고 찾으신 거야, 알고도 모른 체 하신 거야?"

"이런 바보! 진짜 모르신다면 어떻게 발명반 선생님이 되셨겠어, 콜롬보 형사를 봐. 어리벙벙하고 모자라는 것 같은 엉뚱한 태도 속에 진짜 예지가 숨어 있잖아."

"하긴 코미디는 정말 멍청하면 절대로 못한대."

한참 동안 낄낄대도록 아이들을 가만히 지켜보시던 선생님은 점잖은 목소리로 이렇게 말씀하셨다.

"얘들아, 지방방송은 꺼라. 채널을 못 찾고 있잖니. 한규가."

그제서야 한규는 그간의 이야기를 실감나게 말했다.

"저는 아무리 작은 것도 하찮게 생각하면 안 된다는 사실을 깨달았습니다. 무슨 일이건 정성을 들여서 노력을 기울일 때 무엇인가를 얻을 수 있다는 겁니다. 제 글라이더가 바로 그 증거지요."

한규가 이야기를 마무리하려 하자, 누군가가 말했다.

"그 설계도 이야기도 해야지."

"응, 알았어. 그렇지 않아도 막 이야기하려던 참이었어. 그러니까 저는 형과 헤어져 집으로 가고 있었는데요. 지하철 공사 현장에서 굴삭기로 땅을 파고 있는 장면을 보게 되었어요."

한규의 말에 누군가가 뒷자리에서 큰 소리로 말했다.

"하늘, 땅을 다 차지하면 나는 뭘 가지라고?"

그래서 아이들은 또 한바탕 웃어댔다. 한규는 설계도를 들고, 아이들에게 보여주며 이야기를 계속했다.

"사실 어느 가정에서나 이런 일은 흔히 있을 거예요. 엄마가 좀 느긋하신 분이야 아빠가 오실 때까지 참고 기다리시겠지만, 우리 엄마는 그 때까지는 절대로 못 참는 성격이시거든요."

한규의 설명을 끝까지 들으신 선생님과 아이들이 한꺼번에 박수를 보냈다.

꾸러기들의 발명잔치

"한규는, 정말 효자구나."

"그렇다고 마마 보이는 안 돼!"

"우리 엄만 끝까지 기다리신다."

아이들이 먼저 한마디씩 던지고 난 뒤 선생님은 무겁게 입을 열었다.

"한규야, 잘 들었지? 이 다음에 장가를 들거든, 어머니께 효도한다고 마누라에게 소홀히 대하면 안 돼요. 마마 보이는 결국 아내에게 이혼당하고, 어머니께도 가장 큰 불효를 하게 되요."

그러자 한규가 얼굴을 붉히며 말했다.

"선생님, 걱정 마세요. 그리고 저는 장가들려면 아직 멀었으니까 그 때까지는 엄마를 많이 도와 드릴래요.”

그제서야 선생님은 정색을 하고 말씀하셨다.

“내 농담이 지나쳤지? 내가 본 바로는 효자가 자기 아내에게도 잘한다는 것이다. 이렇게 어머니를 사랑하는 마음, 즉 사랑이 발명을 한단다.

한규야, 너 역시 멋진 아이디어를 생각해냈다. 그런데 몇 군데 수정을 해야 할 것 같구나. 함께 문제점을 찾아보도록 하자.”

선생님은 한규의 설계도를 칠판에 그려놓고 모두 함께 문제점을 찾도록 했다. 그 결과 훨씬 나은 개량품이 나오게 되었다.

“자, 이제 알았지? 여러 사람의 의견을 모으면 이렇게 빠른 시간에 더 좋은 결과를 얻을 수 있지. 이것이 바로 ‘브레인 스토밍(brain storming)’이라는 것이다. ‘아이디어 회의’라고도 할 수 있지. 발명은 이렇게 목표가 분명해야 성공할 수 있다. 다음 시간부터는 각자 목표를 정해서 다시 연구를 시작한다. 무슨 말인지 알겠지?”

“네, 선생님!”

“그럼 오늘은 이만 끝내자. 모두들 수고했다.”

수업이 끝난 후, 한규는 수정된 설계도를 들고 철공소로 갔다.

꾸러기들의 발명잔치

“아저씨. 이 그림대로 만들어 주세요.”

한규는 설계도를 펼쳐 보이며 아저씨께 설명을 했다.

설계도는 못을 넣는 부분, 못을 박는 용수철 부분, 못 고정부분으로 구성되어 있었다. 이렇게 구성된 못박이용 지지구는 못을 넣고, 고무 패킹으로 고정시킨 뒤, 타정부를 망치로 치면 용수철이 탄력을 받아, 콘크리트 벽에도 쉽게 못을 박을 수 있도록 설계되었다.

또한 손이 들어갈 수 없는 곳에나 협소한 곳에도 쉽고 안전하게 못을 박을 수 있었다.

그 덕에 벽의 손상도 없고, 기구를 옮기지 않고도 못을 박을 수 있었다.

완성된 지지구로 실험을 해본 한규는 입이 함박꽃처럼 벌어졌다.

“우하하하 신난다. 성공이야!”

한규가 아버지와 어머니, 그리고 형 앞에서 지지구를 이용하여 빠르고 정확하게 못을 박자 모두들 신기한 듯 바라보며 웃었다.

“우리 한규 덕분에 못 박을 걱정은 없게 되었네. 정말 장하다.”

어머니의 칭찬에 아버지께서도 한마디 하셨다.

“그럼, 우리 또 이사갈까?”

“네?”

　어머니가 눈을 휘둥그렇게 뜨는 바람에 온 가족이 웃음 바다를 이루었다.

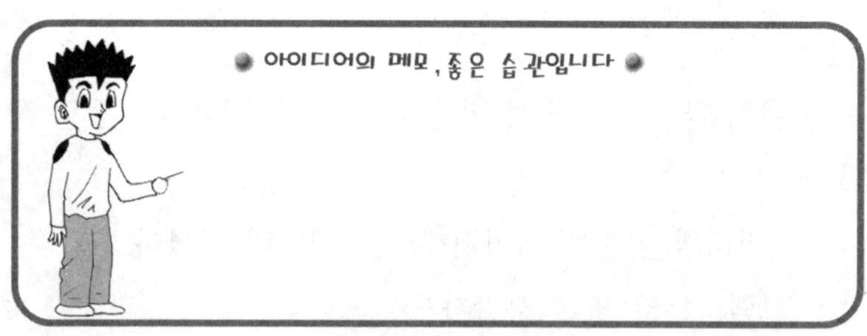

생활 속의 아이디어

　한규가 교내 글라이더 대회에서 우승을 한 것은 말할 것
도 없다.

　"한규야, 축하한다."

　한규가 1등을 한 날, 한규의 형 한수는 쪽지 한 장을 내
밀며 말했다.

　"고마워, 형. 그런데 이건 뭐야?"

　"내가 인터넷에 들어가서 재미있고 특이한 이름을 몇 개
뽑은 거야. 네 비행기에 붙일 이름이다."

　"와, 신난다. 형! 고마워."

　쪽지에는 한별, 세일러문, 나라곰, 슈퍼비호, 투에어,
온누리호, 하이클래스, 빅터스타 등 많은 이름들이 적혀 있
었다.

　"마음에 드는 이름 있니?"

"너무 많아서 고민 좀 해야겠어."

한규가 머리를 긁적이며 말했다.

"행복한 고민이 되겠구나."

정말 형의 말대로 한규가 행복한 고민에 빠져 있는 사이, 어느덧 계절이 바뀌고 있었다.

"자, 이제 오늘부터 방학에 들어간다. 초등학교 시절로는 마지막 여름방학이 될 테니 각자 보람 있게 보내고, 특히 기억에 남을 만한 발명을 생각해라."

선생님은 아이들을 모아놓고 몇 가지 주의사항을 말씀하시며 종례를 했다.

"선생님, 수영장에 가고 싶은데 승낙해 주시겠어요? 히히히."

선생님의 말씀이 끝나자, 왕초 주목이 기필코 일을 저질렀다.

'아니? 저 녀석이 함부로 선생님의 성함을 부르다니. 넌 이제 죽었다.'

아이들은 이렇게 생각하며 갑자기 조용해졌다.

그러자 잠시 머뭇거리던 선생님은 곧 다시 넥타이를 고쳐 매시며 말씀하셨다.

"좋아, 이것은 내 99번째 승낙이 될 것이다. 나머지 한 번은 겨울방학 때 하겠다. 수영장에는 가되 꼭 어른과 함께

꾸러기들의 발명잔치

가도록! 끝."

아이들은 제각기 한 마디씩 하며 교실을 나섰다.

"역시, 우리 선생님은 열린 분이셔."

"너무 멋있어요, 선생님!"

"그런데 왜 오늘따라 우리 선생님이 미남으로 보이지?"

"원래가 탤런트 분위기셨어."

"우리 아빠라면 난 벌써 날아갔다."

"선생님, 안녕히 계세요."

"어쨌든 신나는 방학이야!"

드디어 여름 방학이 시작되었지만, 진석이는 '무엇을 할까?'하고 고민하다 그냥 하루 이틀을 보내 버렸다.

그러자 어머니는 이렇게 말씀하셨다.

"진석아, 작은 일부터 정리하는 것이 어떻겠니? 책상 정리부터 ……."

그래서 책상을 정리하려고 서랍을 열어 보니 지우개와 연필, 가위, 풀 등 갖가지 학습도구가 어지럽게 흩어져 있었다. 그 때문인지 사실 진석이는 지우개 하나 똑바로 찾을 수가 없었다.

필요한 물건을 찾을 때마다 애꿎은 누나만 으레 들볶던 일이 생각났다.

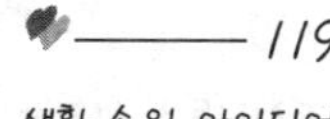

생활 속의 아이디어

"누나, 내 지우개 못 봤어?"

"에이참, 이게 어디 간 거야!"

투덜거리며 난리를 치는 바람에 보다 못한 누나는 자기 것을 주기도 했다.

"이거 쓰고, 다음부터는 잃어버리지 말란 말이야!"

"히히, 고마워. 누나."

그러나 며칠이 지나면 또 같은 일이 반복되곤 했다.

진석이는 책상 앞에 앉아 곰곰 생각하기 시작했다.

'학용품이 필요할 때 편리하게 찾아 사용하고, 종류별로 간직하는 좋은 방법이 없을까?'

그러다가 문득 좋은 아이디어가 진석이의 머리를 스쳤 갔다.

'그렇지, 목표가 분명하면 성공한다고 했으니 우선 구상 부터 시작하자.'

진석이는 설계도를 그리기 시작했다.

우선 큰 기둥에 작은 원통을 평행으로 달고, 손잡이를 만들어 돌려 보았다.

'돌리기도 불편하고, 작은 원통이 두 줄로 되어 있어 물건이 잘 들어가지 않는군.'

진석이는 할 수 없이 설계도를 다시 만들었다. 다시 만든 설계도는 큰 원기둥에 작은 원통을 계단형으로 여러 개

꾸러기들의 발명잔치

달고, 큰 원통 밑에 톱니바퀴를 달았다.

그 옆에 플라스틱 판을 끼우고, 그 밑에 모터를 달고 건전지와 스위치에 연결했다.

"됐다. 이제 작은 원통에 내 학용품을 넣어 놓으면 되는 거야."

진석이는 저금통을 털어서 부리나케 철물점으로 달려가 재료를 샀다.

집에 돌아와 설계도대로 제작하기 시작했더니, 완성하는 데 이틀이 걸렸다.

'드디어 완성이다. 이제 스위치를 눌러 보자. 그런데 왜 이렇게 가슴이 두근거리지?'

생활 속의 아이디어

스위치를 누르자 원통이 돌면서, 필요한 부분이 진석이 앞으로 왔다.

"이야, 성공이다!"

진석이는 에디슨이나 다른 과학자들의 심정이 이러했을 것이라는 생각이 들자 갑자기 자신감이 생기고, 이 세상에 부러운 것이 없는 것 같았다.

저녁에 집에 돌아오신 아버지께 자랑을 했다. 아버지는 완성된 것을 보시더니 흐뭇한 표정을 지으셨다.

"대단한 발명이구나. 어떻게 만들었지? 이런 작은 발명들이 우리 생활에 도움을 주고, 발명가의 꿈이 시작되는 길이란다. 접는 우산, 철조망, 볼펜 같은 세계적인 발명품들도 작은 발명가의 꿈에서 시작되었지. 하여튼 방학만 되면 알차고 보람되게 보내고 있구나. 아빠가 힘 닿는 데까지 도와 줄 테니 계속해서 파이팅해라!"

아버지의 칭찬을 듣고 난 진석이는 어깨가 절로 으쓱해졌다.

다음 날 아침, 방에서 마루로 나오는데 어머니께서 화분을 돌려놓고 계셨다.

"엄마, 왜 화분들을 돌려놓으세요?"

진석이가 여쭈어보자 어머니는 힘들게 허리를 펴시며 대답했다.

꾸러기들의 발명잔치

"한쪽으로만 햇빛이 들기 때문에 식물들이 한쪽으로만 자라서 화분을 돌려놓는단다. 좀 거들어 줄래?"

"네, 알았어요. 엄마."

진석이 화분을 들어보니 무척 무거웠다.

"어유 무거워, 이거 장난이 아니네."

일을 마친 진석이는 방으로 들어가면서 또 다시 생각에 잠겼다.

'저 무거운 화분을 엄마는 어떻게 드셨을까? 어떻게 하면 화분을 힘들이지 않고 어린아이라도 쉽게 돌릴 수 있을까?'

진석이는 며칠을 두고 이 생각을 했다. 심지어는 식사 시간에도 밥을 먹지 않고 생각에 몰두하자, 어머니께서 조용히 나무라셨다.

"우리 발명가가 또 무엇을 생각하는구나. 이번엔 또 무엇일까? 몹시 궁금한데! 그렇지만 식사시간에는 즐겁게 식사하고 생각해야지?"

"네, 엄마!"

그제서야 진석이는 수저를 들었다.

그러는 동안 설계도를 수없이 그리고, 지우기를 수십 차례 반복했다.

그러나 생각처럼 문제가 쉽게 해결되지는 않았다.

　‘안 되겠어. 생각이 잘 풀리지 않을 때는 휴식을 취하거나, 여행을 하는 것도 좋다고 했으니 좀 쉬자.’

　“어? 발명가께서 웬일이야, 마침 잘 나왔다. 진석아, 이 자전거 좀 밀어 줘!”

　누나가 자전거를 배우기 시작했는데, 서늘한 시간을 이용하여 자전거에 올라타다 말고 진석이에게 도움을 청했다.

　“좋았어, 누나! 마당은 좁으니까 저쪽 공터로 나가. 이리 줘봐, 내가 끌고 나갈게.”

　진석이는 자전거를 슬슬 끌며 집밖으로 나갔다. 누나는 진석이와 나란히 걸으며 종달새처럼 말문을 열었다.

꾸러기들의 발명잔치

"진석아, 자전거 타는 것도 말야, 보기에는 쉬운 것 같은데 막상 타보려니 쉽지 않구나. 세상 모든 일이 다 그럴 거야. 그렇지?"

"응."

"발명은 잘 돼가니?"

"응, 아직 ……."

"그래도 나는 네가 정말 대견하다. 그래서 친구들에게 네 자랑을 막 했다. 너 그거 아니?"

"응? 으응."

드디어 공터에 도착하자 진석이는 자전거의 핸들을 누나에게 넘겨주며 말했다.

"자, 누나! 몸의 무게 중심을 잘 잡고 자전거가 넘어지지 않도록 몸을 움직이면서 앞으로 전진해 봐."

"알았어, 살살 밀어!"

"내가 꽉 잡아 줄 테니까 걱정말고 앞을 보고 달려 봐."

그제서야 누나는 자전거에 올라타더니 슬슬 출발을 시도했다.

"꽉 잡아, 진석아!"

"알았다니까!"

그러나 진석이는 누나가 몸의 중심을 잡고 힘차게 달리기 시작했을 때, 잡았던 손을 슬쩍 놓았다.

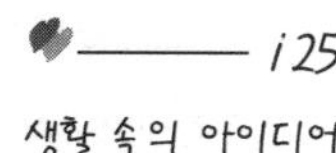

“잘 잡고 있지?”

“염려 말라니까.”

잠시 후, 누나는 진석이가 손을 놓았다는 사실은 전혀 모르는 채 자전거로 신나게 달렸다.

그 순간 진석이의 눈에 확 들어오는 것이 있었다. 자전거 뒷부분의 체인이 연결되는 기어였다.

‘왓! 바로 이거로군. 됐어!’

그와 동시에 ‘철푸덕 쿵’ 소리를 내며 누나가 자전거와 함께 넘어졌다.

“진석아, 손을 놓으면 어떻게 해!”

“누나, 사실은 내가 잡지도 않았어. 누나가 여태 혼자 달린 거라구. 괜히 무서워하니까 넘어진 거지. 중심만 잘 잡으면 자전거는 넘어지지 않아. 다시 해 봐. 이젠 혼자도 할 수 있을 거야. 헤헤헤.”

진석이는 괜히 기분이 좋아져서, 혼자 깔깔거리고 있었다. 속을 모르는 누나는 얼굴이 붉으락푸르락해져서 기를 쓰고 자전거에 올라탔다.

“너 날 비웃는 거지? 좋아! 이제 나 혼자 해보겠어.”

“누나, 처음에는 내가 잡아줄게.”

“필요 없다니까.”

그러더니 얼마 후, 누나는 혼자서 자전거와 씨름을 계속

꾸러기들의 발명잔치

생활 속의 아이디어

하다가 마침내 주위를 뱅뱅 돌기 시작했다.

"됐다, 성공이야! 신난다."

"짝짝짝!"

진석이는 손뼉을 치며 말했다.

"됐어, 누나 훌륭해! 이제 그만 집으로 가자."

"아냐, 난 더 타고 갈래! 가고 싶으면 너 혼자 가!"

"늦게 배운 컴퓨터 날 새는 줄 모른다더니. 아 글쎄! 날 새지 말란 말이야. 히히히."

그리고는 손을 흔들어 보이며 진석이는 공터를 빠져나와 집으로 돌아왔다.

방금 전에 떠올랐던 생각을 토대로 큰 원판과 작은 원판으로 연결하는 부분에 베어링을 얹을 계획이었다.

"아버지, 원판 두 개만 구해 주세요."

"그래, 알았다."

큰 원판과 작은 원판에 손잡이를 달아 전후로 움직이는 원판을 계획하여 설계도와 함께 철공소로 가서 제작을 부탁했다.

며칠이 지난 후, 멋진 화분 받침대가 완성되었다.

진석이는 받침대 위에 화분을 올려놓고 돌리기 시작했다. 조금도 힘들이지 않고 손잡이를 돌렸는데 원하는 방향으로 잘 돌아갔다.

꾸러기들의 발명잔치

"와, 성공이다!"

진석이는 손잡이를 놓고 두 손을 번쩍 들어올리며, 큰 소리로 말했다.

어머니는 신기한 듯 화분을 올려놓고 빙빙 돌려대셨다.

"이야, 정말 대단한 발명이다. 어떻게 이런 것을 다 만들 수 있지? 정말 신기하네."

이제 어머니께서 무거운 화분을 들고 씨름하시느라 허리 아플 일은 없을 것이라 생각하니 진석이의 마음이 한결 가벼워졌다.

"우리 꼬마 발명가가 제 엄마를 생각해서 이런 발명을 했구려. 그런 의미에서 당신이 한턱 내구려."

"그럼요, 누나는 어디 갔나? 얘야 진석아, 수진아!"

어린이처럼 좋아라 하시는 어머니에 의해 소문은 금새 퍼졌다.

어머니의 아파트 친구들과, 동네 아주머니들과 친척들이 화분 받침대를 보기 위해 다녀가시며 한마디씩 새로운 이름으로 진석이를 불러 주기도 했다.

"이 댁에 발명가가 나셨다구?"

"ET 박사, 정말 효자에다 비상한 아이디어를 갖추었으니 넌 내 딸 거다. 빨리 빨리 커서 내 사위로 와!"

"아냐, 짱구 박사는 내가 벌써부터 찜해 놓았는데 모르

생활 속의 아이디어

시는군. 호호호.”

진석이는 괜히 얼굴이 달아올라 속으로 중얼거렸다.

‘이모님들, ET 박사가 찜한 짝꿍은 따로 있다니까요. 흐흐흐.’

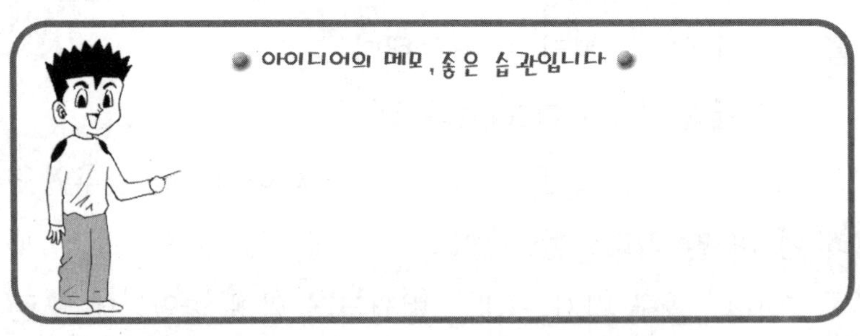

꾸러기들의 발명잔치

더하기 (+)와 빼기 (−)

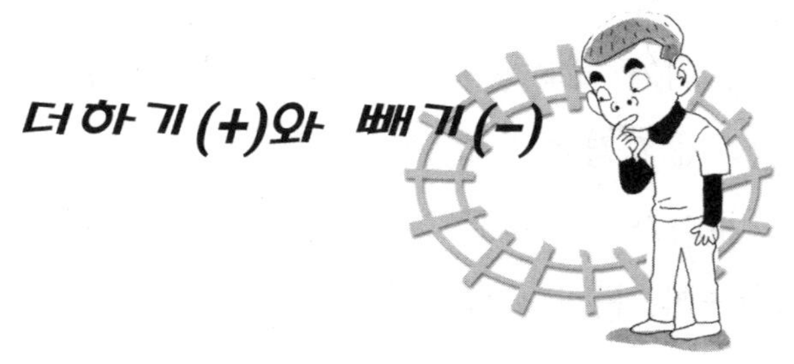

"은정아, 내일은 아침 일찍 일어나서 조깅할까?"

문희와 은정은 함께 만나 숙제도 하고, 만화영화도 관람한 뒤 헤어지는 길이었다.

"좋아, 문희야. 그럼 내일 아침 6시에 약수터에서 만나자."

"오늘 아이스크림 정말 맛있었어. 다음에는 우리 집에서 숙제하자."

문희의 말에 은정이는 고개를 옆으로 저으며 말했다.

"뭘, 문희야. 네가 얼마나 많이 사주었는데. 그럼 내일 아침 약수터에서 기다릴게."

은정이는 이렇게 말하고 문희와 헤어진 뒤, 자명종 시계를 5시 30분에 맞추어 놓고 잠을 잤다.

그런데 은정이가 아침에 일어나 보니 시계는 5시 30분이 아닌 7시를 가리키고 있었다.

"뭐야, 이거 약속을 못 지켰잖아. 어떻게 된 거지?"

은정이가 자명종이 왜 울리지 않았나 하고 시계를 보았더니, 멜로디가 울리지 않게 되어 있었다.

"아이쿠야, 문희가 화나 있겠네! 큰일이야, 이를 어쩌면 좋지."

은정이는 보통 밤 10시 30분에 잠을 자고 아침 7시에 일어났다. 그런데 5시 30분에 일어나려니 좀 힘들었다. 시계는 정확하게 5시 30분에 멜로디가 울렸지만, 은정이는 잠결에 멜로디를 멈추고 다시 잠들고 만 것이다.

은정이는 더 이상 생각할 겨를도 없이 주섬주섬 옷을 갈

꾸러기들의 발명잔치

아입고 밖으로 나갔다.

목에 숨이 차도록 헉헉거리며 약수터로 뛰어 갔을 때, 마침 입구에서 나오는 문희를 만날 수 있었다.

"은정아, 너 날 바람 맞혀?"

문희는 잔뜩 화가 난 표정으로 은정이를 손가락으로 가리키며 큰 소리로 말했다.

"문희야 미안, 미안해! 내가 늦잠을 잤어. 자명종이 울렸는데도 다시 눌러놓고 자버렸어."

"지금 몇 시인지 아니?"

"알아, 알았어! 그 대신 내가 오늘은 치즈스틱 사 줄게."

"치즈스틱? 1시간 이상 기다린 것을 생각하면 좀 억울하긴 한데, 한번 생각해 보고 …….""

"문희야, 그렇지 않으면 열흘 동안 책가방 들어주기, 어때? 헤헤."

"음, 그건 좀 심하고 …… 좋아, 치즈스틱에다 아침이니까 우유 한잔 어때?"

"좋았어, 이제 가자. 그렇지만 나는 조깅을 못 했으니까, 조깅하는 셈치고 가게까지 뛰어가자."

"아냐, 나는 힘드니까 천천히 가."

문희와 은정은 나란히 서서, 슬슬 걷기 시작했다.

아침 9시가 다 되어서야 문희와 헤어져 집으로 돌아온

더하기(+)와 빼기(─)

은정은 속으로 자명종 시계를 생각하기 시작했다.

'어떻게 하면 자명종 시계가 제 구실을 다할 수 있지? 끝까지 깨워 주면 좋을 텐데 …….'

그러나 뾰족한 수가 떠오르지 않았다. 그런데 다음 날, 안양에 사는 작은엄마가 사촌동생을 데리고 집에 오셨다.

"작은엄마, 안녕하셨어요?"

"응, 은정이는 집에 있었구나. 오빠는?"

"네, 친구가 와서 나갔어요. 어머! 민영이도 왔구나. 어서 와."

사촌동생 민영이는 유치원에 다니는 꼬마로 귀엽고 앙증맞았다.

어머니는 시원한 수박을 꺼내 놓고, 작은엄마와 마주앉아 이야기를 나누셨다.

"민영아, 이리 와!"

은정이는 사촌동생을 데리고 자기 방으로 들어가 인형과 장난감들을 내주었다. 민영이는 한동안 재미있게 놀다가 질렸는지 다음에는 은정이의 소지품들을 만지기 시작했다.

"누나, 이거 가지고 놀아도 돼?"

"응, 나는 책 읽을 테니까 갖고 놀고 싶은 것 있으면 가지고 놀아."

얼마쯤 지났을까?

꾸러기들의 발명잔치

은정이가 책을 읽다가 시끄러워서 돌아보니 민영이가 주판 위에다 시계를 올려놓고 힘껏 밀고 있었다.

"부르르릉~ 기차가 나갑니다."

그런데 민영이가 미는 대로 시계가 움직였다.

그것을 보는 순간 은정이의 머릿속으로 떠오르는 것이 있었다.

'그렇군! 바로 그거야. 도망가는 자명종 시계.'

벨을 울리고 나서는 그 장소로부터 살짝 달아나게 하는 것이다. 그러면 잠결에 손을 내밀어 끄려고 해도, 이미 시계가 움직이고 난 뒤라 끌 수 없고 시계는 다른 위치에서 계속 울어댈 것이었다.

'다시 그 자리로 손을 내밀면 시계는 또 다른 곳으로 자리를 옮기고, 그러는 사이 결국 잠이 깨게 되고 말겠지.'

약간 밉기도 하지만, 100퍼센트 잠을 깨워 주는 것이 자명종 시계의 목적이다.

도망가는 자명종 시계의 원리를 찾아 은정이의 연구가 시작되었다.

'우선 자명종 밑에 자유자재로 방향이 바뀌는 차바퀴를 달고, 차바퀴 중 하나에 전기 모터를 단다. 그리고 난 후에 시계의 벨이 울리는 소리와 모터의 스위치를 전선으로 연결한다.'

꾸러기들의 발명잔치

　은정이는 장애물을 검색하는 감지기도 달 생각이다. 벨
소리는 되도록 요란한 소리가 나는 것을 달아야겠다고 생각
했다.

　'정해진 시간이 되면 이 시계는 아주 요란한 소리를 내면
서 도망다니겠지? 내가 눈을 뜨고 팔을 뻗어 시계를 잡으려
해도, 시계 안에 장치되어 있는 장애물 감지기가 작동하여
나의 팔과 반대방향으로 재빠르게 달아날 거고 ……. 바야흐
로 팔과 시계의 술래잡기가 시작되겠군.'

　은정이는 자신의 아이디어를 그림으로 그려서 오빠에게
보여줬다.

　"오빠, 이 아이디어 어때?"

　"뭔데? 어디 보자."

　은정이의 오빠 문수는 그림을 자세히 들여다보더니 매
우 칭찬을 했다.

　"야, 대단하다. 우리들은 잠이 많아서 정해진 시간에 잠
을 깬다는 것이 무척 힘들잖니! 이 시계 하나면 고민은 끝이
겠다."

　"그렇지? 오빠, 그런데 난 사실 전기 모터나 센서에 대
해서는 잘 모르거든. 그러니까 오빠가 좀 도와줘."

　"그게 걱정이니? 염려 마. 요즘은 소형 전기 모터도 쉽
게 살 수 있고 장애물 감지 센서도 값싼 것이 많이 나와 있

더하기(＋)와 빼기(－)

어. 벨 소리도 '귀뚜라미 우는 소리', '고향의 봄', '엘리제를 위하여' 그리고 각종 동요가 많이 나와 있잖니."

은정이는 오빠의 진지하고 자세한 설명을 들으며 기분이 몹시 좋아졌다.

"야, 우리 오빠, 정말 아는 것도 많다. 짱이야!"

"히히히, 어지럽다. 언제 내려줄 건지 말이나 해 주고 비행기 태워라."

"애걔? 내가 겨우 비행기나 태우는 줄 알았어?"

"그럼 인공위성이라도 되니?"

"당근이지!"

은정이는 오빠의 격려와 도움을 받아 도망가는 자명종을 만들게 되었다.

'이제 문희와 약속을 못 지키는 일은 없겠지. 내일부터 당장 조깅을 실시하는 거야.'

은정이는 문희에게 전화를 걸었다.

"문희야, 내일부터 조깅을 다시 시작하자."

그러자 수화기를 통해 들려오는 문희의 목소리를 뜻밖에도 풀이 죽어 있었다.

"안 돼, 난 요즘 바빠서 아침 일찍 못 일어나."

"뭐? 좋아할 줄 알았는데. 왜 그래? 무슨 일이 있니? 문

꾸러기들의 발명잔치

희야."

"아니야, 어머니께서 목욕을 하라고 하시는데 번번이 목욕물의 온도가 내게 안 맞아서 짜증이 좀 났을 뿐야."

그제서야 은정이는 목소리를 부드럽게 낮추며 말을 이었다.

"목욕이라고? 난데없이 웬 목욕?"

"응, 오늘이 토요일이잖니. 우리 어머닌 매주 토요일만 되면 식구들을 달달 볶으신단다. 한 주일을 마치면서 기분을 새롭게 하여 교회에도 가야 하니까 깨끗이 닦아야 한다면서 ……."

"그래? 그래서 문희 네 피부가 그렇게 고운가 보다. 애, 얼마나 좋아."

그러나 문희는 내내 투덜대는 투로 말했다.

"말도 마. 이 더운 여름에도 더운물로 목욕을 해야 개운하다고 하시면서 욕조에 물을 받아 주시고, 나 혼자서 하면 깨끗이 하지 못한다시며 머리를 감기는데, 목욕물이 너무 뜨거워서 '앗 뜨거, 머리 빠지겠네.' 하고 도망치다가 동네 아이들한테 들켜 창피를 당했다니까. 나 참!"

"뭐? 아하하, 하하하, 기분 꽝이었겠다."

은정이는 허리가 끊어져라고 웃었다.

"그렇지? 정말 내 기분 이해가 가지? 은정아."

“그래, 하지만 네 어머니께서 너에게 그렇게까지 관심을 쏟아주시니 고맙게 생각해야지 뭐. 문희야, 기분 풀고 한가한 때 다시 만나자.”

“그래, 은정아! 다음에 만나.”

전화를 끊고 난 문희는 혼자서 곰곰 생각했다.

‘언제까지 목욕을 싫어할 것인가? 토요일마다 기분 상하는 일을 기분 좋게 해결할 수는 없을까?’

생각 끝에 문희는 어머니께 잘 말씀을 드려서 혼자서 목욕을 하고, 스스로 머리도 감기로 했다.

그와 동시에 한 가지 묘안을 생각해냈다.

‘이제 곧 중학생이 될 건데, 언제까지 엄마를 의지할 수는 없지. 그리고 과학적인 생활을 하자.’

문희가 생각해낸 묘책은 온도계를 사용해서 자신에게 알맞은 물을 선택하려는 것이었다.

“엄마, 그러니까 이제부터 저 혼자서 목욕하도록 해 주세요. 그 대신 정말 깨끗하게 할게요.”

문희가 여러 번 조르자, 마침내 어머니께서도 승낙을 해 주셨다.

“좋아, 엄마가 해 주는 것 이상으로 깨끗이 해야 한다.”

“엄마, 염려 마세요. 저에게 맞는 온도로 물을 틀어서 잘 할게요.”

꾸러기들의 발명잔치

문희는 우선 막대 온도계를 구입하여 목욕탕에 걸어놓고, 물을 받을 때마다 사용하였다.

왼손에는 온도계를 들고, 오른 손으로는 더운물과 찬물을 번갈아 틀면서 온도를 재었다.

그런데 두어 번 하다 보니, 온도계를 붙잡고 측정하는 것이 몹시 어색하고 불편했다.

'이건 아무래도 과학적인 방법이 아냐, 무슨 좋은 방법이 없을까?'

곰곰 생각하다가 머리에 떠오른 것이 '물에 뜨는 온도계'였다.

'그래, 물에 뜨는 것으로 나무 판자가 있지. 널빤지를 뚫고 온도계를 끼워 물에 띄우면 되겠구나.'

문희는 즉시 제작에 들어갔다. 판자에 구멍을 뚫는 일도 쉬운 일은 아니었다. 몇 번의 실패 끝에 간신히 옆에 구멍을 뚫었다.

'됐다. 이젠 자신 있어.'

그러나 곧 일이 벌어졌다. 온도계를 끼우려다 아예 부러뜨리고 만 것이다.

'에이 참, 신경질 나게!'

하지만 문희는 참고 또 참았다. 그리고는 온도계를 다시 샀다.

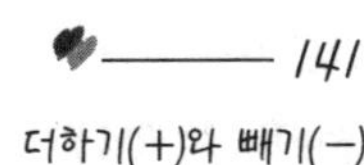

더하기(+)와 빼기(−)

그리고 이번에는 다른 것을 찾아 나섰다.

'판자 말고 다른 것이 없을까?'

그러던 어느 날, 문희는 차고 한 구석에서 스티로폼 조각을 발견했다.

'왓, 바로 저거다!'

너무나 반가웠다. 진작에 생각하지 못했음에 얼굴을 붉혔다.

문희는 스티로폼을 동그랗게 오려서 온도계를 끼웠다.

'꼭 맞다. 성공이야!'

물에 뜨는 온도계는 훌륭하게 제 몫을 다 해냈다.

"엄마, 이것 좀 보세요."

문희는 완성된 발명품을 가족들에게 보여줬다.

"어머, 정말 편리하겠구나. 문희야, 나 목욕할 때도 빌려 주렴."

어머니의 말씀에 아버지도 껄껄 웃으시며 칭찬을 덧붙이셨다.

"우리 집안에 여성 발명가가 확실하게 태어나나 보다. 이제부턴 아빠가 힘껏 밀어줄게. 그 대신 그 온도계 나도 같이 쓰자."

"네, 아빠! 얼마든지 쓰세요."

문희는 물에 뜨는 온도계가 생기고부터는 목욕하는 것

꾸러기들의 발명잔치

이 즐거워 토요일을 기다리게 되었다.

　문희는 버려진 스티로폼 조각이 발명의 아이디어를 제공한 것을 생각할 때, 폐품 하나하나를 눈여겨보게 되었다.

　어느 날, 쓰레기장에서 찢어진 플라스틱 그릇을 발견하고 주워 왔다.

　'조금만 손질하면 요긴하게 쓰겠어.'

　문희는 어머니께서 채소를 다듬을 때마다 많은 쓰레기를 부삽으로 여러 차례 담아 버리시는 것을 보아 왔기 때문이다.

　그래서 어머니와 함께 톱으로 플라스틱 그릇의 찢어진 부분을 비스듬히 바닥까지 잘라냈다. 훌륭한 쓰레받이가 되었다.

　　“머리를 쓰면 버릴 것이 없구나.”
　　어머니는 크게 기뻐하셨다.

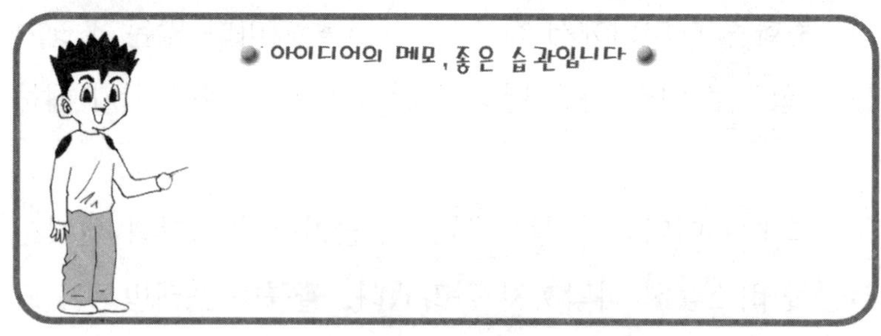

144 ───

꾸러기들의 발명잔치

작은 힌트도 큰 발명

무더운 날씨였다.

주현이는 작은아버지 댁에 가기 위해 버스 터미널에서 시내버스를 기다리고 있었다.

그 때, 하얀 지팡이를 든 시각장애 아저씨가 다가와서 물었다.

"저 공중전화가 어디 있어요?"

주현이는 바로 옆에 있는 공중전화 박스를 보고, 손을 잡아 모셔다 드렸다.

"아저씨 여기 있어요."

그러자 아저씨는 전화기 앞에서 손으로 더듬거리며 버튼을 눌러 전화를 걸었다. 그러나 전화는 쉽게 걸리지 않는지 아저씨는 두세 번 버튼을 다시 눌렀다.

그러다가, 다른 집이 걸렸는지 죄송하다며 수화기를 놓

는 것이었다.

　주현이는 곁에서 보고 있다가, 하도 딱하여 전화부스 옆으로 나아갔다.

　"아저씨, 제가 걸어드리지요."

　"그래? 639국에 ……"

　주현이는 아저씨가 불러주는 전화번호를 눌러 통화하도록 해드렸다.

　"학생, 정말 고마워!"

　마침 버스가 도착하여, 그 아저씨의 인사말을 뒤로하며 버스에 올랐다.

　그런데 버스 안에서도 주현이는 어려운 이웃을 도와주

꾸러기들의 발명잔치

었다는 흐뭇한 마음보다 여러 번 전화기의 버튼을 누르며 안타까워하던 그 아저씨의 모습이 눈앞에 아른거려 마음이 아팠다.

'시각장애인도 편리하게 사용할 수 있는 그런 전화기가 없을까? 어떻게 하면 시각장애인이 쉽게 전화를 걸 수 있을까?'

내내 이런 생각을 하다가 작은아버지 댁에 도착했다.

"주현아, 어서 오너라."

작은아버지 댁에는 마침 공과대학에 다니는 사촌형님이 계셨다.

"형, 잘 지내셨어요?"

주현이는 시각장애 아저씨의 이야기를 하며 전화기 발명에 대한 자신의 의견을 말했다.

"형, 버스 속에서 떠오른 생각인데요. 맹인들은 점자를 사용하잖아요. 점자를 버튼 위에 붙이면 어떨까요?"

"주현이가 정말 기특한 생각을 하였구나. 우선 전화기의 종류를 알아야 하니 조사해 보자."

"이야, 신난다."

다음 날, 주현이는 사촌형님과 함께 시장에 나가 전화기 상점을 돌아보았다. 종류도 많았고, 여러 가지 편리한 기능도 있었다.

작은 힌트도 큰 발명

그러나 주현이가 고안한 점자를 붙인 전화기는 없었다.

"네가 만들어야 하겠구나."

형님의 말에 주현이는 가볍게 웃었다.

"그럴까요? 히히"

집에 돌아온 주현이는 여러 가지로 궁리를 보았으나, 점자로 숫자를 어떻게 표시하는지조차 몰라 아버지께 여쭈어 보아야만 했다.

"그래? 우리 고주파도 주파수가 잘 잡히지 않을 때가 있는 모양이구나. 장애인이 다니는 혜화학교를 내가 알고 있으니 가서 알아보자."

주현이는 아버지와 함께 혜화학교를 찾아갔다. 학교는 퍽 조용했다.

그 학교 교장 선생님도 시각장애인이었다.

"어린 학생이 우리와 같은 시각장애자를 위해서 전화기를 발명하겠다니 고마운 일이야. 잘 연구해 보렴."

교장 선생님은 이런 격려와 함께, 점자로 숫자가 새겨진 종이를 내미셨다.

점자는 볼록 튀어 나와 있었다.

우선 전화기 버튼 위에 고무판을 조그맣게 잘라 붙여 보았다.

'이제 완성되었겠지?'

꾸러기들의 발명잔치

작은 힌트도 큰 발명

생각하며 주현이는 눈을 감고, 손가락 끝으로 더듬어 보았다.

그러나 너무 크게 붙여서 쉽게 구별이 안 되었다. 다시 떼어내고 깨알만하게 붙여 보았다.

'옳지! 이제 구별할 수 있겠다.'

신바람이 난 주현이는 아버지께 자랑을 늘어놓았다.

"아빠, 이제 완성했어요!"

그런데 마침 곁에 계시던 할아버지께서 이렇게 말씀하셨다.

"얘야, 나도 눈이 어두워 잘 안 보인단다. 그런데 점자를 모르니까 사용할 수 없겠다. 다른 방법은 없겠니?"

그제서야 주현의 머릿속으로 번개처럼 스쳐 지나가는 생각이 있었다.

'그렇다, 항상 전화기 버튼을 누르실 때마다 더듬거리던 할아버지 할머니 생각은 왜 못했던가! 맹인보다 더 많은 노인분들께 편리한 전화기를 만들어 드려야지.'

그러면 다른 방법은 무엇일까? 곰곰이 생각해 봐도 잘 떠오르지 않았다. 무더운 여름날이 더욱 길게 느껴지는 나날이었다.

그러던 어느 날, 동생 방에서 음악 소리가 들렸다.

"솔솔 라라 솔솔미 ……."

꾸러기들의 발명잔치

가만히 들어보니 동생이 장난감 피아노를 가지고 '학교
종'을 연주하고 있었다.

그 순간 주현이의 머리에 한 생각이 퍼뜩 떠올랐다.

'그렇지! 소리, 소리가 들리게 하면 되겠어!'

전화기 버튼 1을 누를 때 '일' 하는 소리가 들리고, 2를
누를 때 '이'하는 소리가 들린다면 방금 어떤 번호를 눌렀는
지 알 수 있을 것이다.

주현이는 갑자기 날아갈 듯 기뻤다.

"아빠, 생각났어요."

"그래? 다행이구나."

아버지는 직장에서 쓰는 전화기 중에는 현재 시간과 통
화시간, 걸고 있는 전화번호가 전자계산기처럼 문자판에 나
타나는 것이 있다며 여기에 덧붙여 만들면 편리하겠다고 말
씀하셨다.

즉, 버튼 위에 점자를 붙이면 시각장애자는 손가락으로
만져 촉감으로 알고 수화기에서 들리는 소리로써 정확하게
눌렀는지 확인할 수 있으니 결코 실수하지 않으며, 어린아
이들은 눈으로 문자판에 나타난 숫자를 보고, 귀로 듣는다
면 전화번호를 잘못 누르는 실수는 절대 없을 것이었다.

"그러니까 시각, 청각, 촉각을 이용한 전화기가 탄생되
겠군요."

작은 힌트도 큰 발명

아버지와, 작은집 사촌형님의 도움으로 전화기가 완성되었다.

주현이의 할아버지께서 맨 먼저 작은아버지 댁에 전화를 해보셨다.

"허어, 발명하는 효도 손자 덕에 여러모로 덕보는구나. 이제 전화를 잘못 거는 일이 없겠어. 이 전화기는 내가 집에 내려갈 때 가져가야겠다."

"물론이지요, 아버님! 주현이가 발명한 전화기를 사용하면 번호를 잘못 누르는 일이 없을 테니 통화도 빠르고 전화요금도 훨씬 적게 나올 겁니다."

주현이가 하얀 지팡이를 짚은 시각장애 아저씨의 불편을 덜어주고, 할아버지 할머니께서 편리하게 쓰실 전화기를 만들어 보겠다고 시작한 연구는 어려움도 꽤 많았다.

여러 차례 전화기 상점을 다녀 보고, 어렵게 만든 전화기가 잘 안 되었을 때는 실망도 컸다.

그러나 포기하지 않고, 끝까지 도전하여 성공하자 주현이는 에디슨보다 더 위대한 발명가가 된듯한 기분이 들었다.

"이야, 기분 좋다."

무덥고 지루한 여름방학이 갑자기 짧게 느껴졌다.

그리고 며칠이 지난 후, 주현이네 집은 십여 년 만에 새

꾸러기들의 발명잔치

로 지은 아파트로 이사를 하게 되었다.

"주현아, 어때? 네 방은 마음에 드니?"

어머니의 말씀에 주현이는 큰소리로 대답했다.

"네, 엄마! 내년에 중학생이 되는데 벌써부터 공부가 솔솔 잘 될 것 같은 기분이에요. 맘에 듭니다. 히."

그런데 며칠 후, 공업사를 운영하시는 외삼촌께서 집으로 오셨다.

"새시로 유리창문을 끼우시려고요?"

"그렇단다."

외삼촌은 창문틀을 바로 세우기 위해서 수평기를 가지고 가로로 놓아보고, 세로로 놓아보고, 어느 때는 옆에 대보기도 하며 작업을 하셨다.

"이건 잘 맞지 않는다. 밑에 나무조각을 고여 놓고……."

아침부터 시작한 공사는 점심을 먹고 거의 저녁때가 되어서야 끝이 났다.

저녁식사를 함께 하며, 아침부터 일을 도왔던 주현이가 말했다.

"외삼촌, 창문틀을 붙잡고 있는데 좀 힘들었어요."

"그래, 고생했다. 오늘도 문틀의 수평이 잘 맞지 않아서 늦었구나. 요즘은 인부 구하기도 힘들고, 품삯이 비싸 어려운데 간편하게 수평을 맞출 수 있는 방법이 있다면 참 좋을

작은 힌트도 큰 발명

거야."

외삼촌의 말에 주현이가 대답했다.

"그러세요? 제가 만들어 보겠어요."

"허어, 그래? 샌님께서 발명도 잘 한단 말이지? 그럼 해
봐라."

외삼촌은 말씀과 함께 부서진 수평기 한 개를 주고 가
셨다.

주현이가 곁에서 일을 도우면서 살펴본 바로는 창문틀
의 수평을 맞추면 수직이 틀리고, 수직을 맞추면 수평이 어
긋나서 여러 번 이리저리 대봐야만 했었다.

'그러면 한번에 가로, 세로를 맞출 수는 없을까?'

꾸러기들의 발명잔치

궁리 끝에, 주현이의 머릿속에 좋은 생각이 떠올랐다.

'두 개의 수평기를 붙인다면? 그래, 수평기 사이에 경첩을 달아서 접고 펼 수 있도록 하면 되겠다.'

그러나 수평기는 길이가 50cm나 되는 긴 것이어서 두 개를 붙이면 너무 멀리 떨어져 잘 보이지 않았다. 할수없이 수평기를 분해하여 공기방울이 들어 있는 유리관을 뽑아내 짧은 두 토막의 막대기 위에 올려놓고 테이프로 고정시켰다. 책상 모서리에 올려놓아 보았더니 아주 편리했다.

"됐다, 성공이다!"

기쁨에 넘쳐 저절로 소리가 나왔다.

아버지께서 보시더니 웃으며 말씀하셨다.

"좋은 발명인데, 기왕이면 기울어진 각도도 측정할 수 있으면 좋겠다."

좋다고만 생각했던 발명품은 다시 보니 결점이 있었다.

'사용해 보지도 않고 자만하다니!'

주현이는 속으로 반성하며, 일단 만든 수평기를 책상 모서리에 놓고 기울어진 각도를 어떻게 하면 잴 수 있을까 궁리했다. 아이디어는 잘 떠오르지 않았다.

'에잇, 목마른데 물이나 마셔야지!'

주현이는 물을 반컵쯤 마시고 식탁 위에 놓았다. 컵 속의 물이 잠시 흔들리더니 수평을 이루며 멈췄다.

작은 힌트도 큰 발명

주현이의 머릿속으로 떠오르는 생각이 있었다.

'액체는 중력을 받으면 수평을 이룬다고 했는데, 이 원리를 이용하자.'

둥근 플라스틱 압정갑에 물을 반쯤 붓고, 뚜껑을 덮은 다음 테이프로 옆을 봉하고 세워 보았다. 좌우로 흔들었더니 속에 들어있던 물은 원의 중심을 지나는 수평을 그었다.

'이제 각도를 재는 것은 문제가 아니군. 둥근 원판 부분에 각도기만 붙이면 되는 거야.'

두 장의 각도기를 잘라 붙였다. 꼭 맞았고 정확하게 기울어진 각도를 잴 수 있었으나 물이 투명하여 구분이 잘 안 되었다. 수평기의 유리관에는 연녹색의 액체가 있었다. 조사해 보니 부동액이었다. 주현이는 아버지의 자동차에서 부동액을 조금 빼서 넣어 보았다.

'와, 똑 같다. 겨울에도 얼지 않겠어.'

두 개의 나무토막은 아크릴로 만들었더니 투명하게 잘 보였다.

주현이는 책상 모서리며, 창문턱의 기울기를 재어 보다가 문득 또 생각했다.

'가로와 세로면의 사이각을 잴 수 있다면 더 좋겠다.'

그래서 두 개의 판 사이에 각도기만 붙이면 되겠구나 생각하고 붙였으나, 접어두기가 불편했다.

꾸러기들의 발명잔치

'이거 산 너머 산이로군! 모르겠다.'

주현이는 친구가 크리스마스 선물로 준 노래를 들으려고 카세트 테이프를 케이스에서 꺼냈다. 캐롤송이 흥겹게 울려 나왔다. 무심코 테이프 케이스를 만지던 주현이는 머릿속이 맑아졌다.

'이건 열고 닫을 수 있어 무엇이든 넣을 수 있군. 음, 이걸 이용하자.'

케이스는 투명하여 둥근 원판을 붙이고, 두 개의 케이스 안에 각도기를 넣어 두었다가 사잇각을 잴 때에만 꺼내서 사용하면 간편할 것 같았다.

"아빠, 테이프 케이스 두 개 주세요."

만들어 본 결과 가로, 세로, 좌측, 우측 어느 곳에서 보아도 한번에 수평을 잴 수 있었다.

"어디 보자. 이것 신기하구나."

아버지와 함께 온 식구들의 책상, 문갑 등의 수평과 각도를 재보았다.

"주현아, 어느 곳에서도 잴 수 있으니 '입체 수평기'라고 이름짓자."

외삼촌께서도 보시고 매우 편리하겠다며 제일 먼저 하나를 주문하셨다.

"자, 이건 장학금이다."

작은 힌트도 큰 발명

입체 수평기를 받으신 외삼촌께서 선뜻 지폐를 꺼내 주셨다.

'이야, 발명은 연구비에 썼던 용돈을 두배로 채워 주는 능력이 있구나. 히히!'

주현이의 입은 헤 벌어진 채로 다물어지지 않았다.

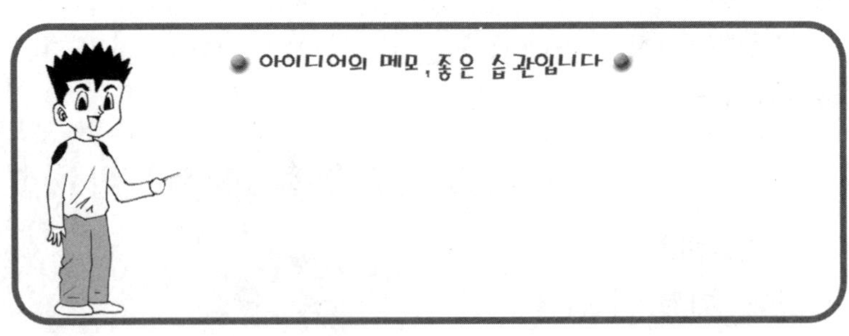

'왜?'라는 질문

왕초 주목은 집에서 나무상자를 만들고 있었다.

"형, 뭐 해?"

동생 주석이가 다가와서 물었다.

"응, 조립식 나무상자를 만들고 있단다. 너 심심한가 보구나. 하지만 위험하니까 멀찌감치 가서 놀아라."

"위험해?"

동생은 뒷걸음을 쳐서 물러났다.

주목은 핸드드릴을 이용하여 상자에 구멍을 뚫는 연습을 하고 있었다.

그런데 직접 상자를 만들기 전에 미리 다른 나무에 구멍을 뚫는 것이 쉬운 일은 아니었다. 더욱이 만든 상자를 벽에 고정시켜야 했다. 이것은 더욱 어려울 것 같았다.

'안 되겠어. 여러 번 연습을 한 후에 직접 해보는 수밖

에……. 쉬운 일이란 없군.'

그리고 얼마 후, 주목이네 집 앞에서 건축공사가 시작되었다.

주목은 공사장에 나가 일하는 아저씨들을 주의깊게 살펴보았다. 그러자 한 아저씨가 물었다.

"무엇을 그렇게 골똘히 쳐다보니?"

"아저씨, 나무에 드릴로 볼트 구멍을 뚫고 계시는 것을 보니 어림짐작으로 하시는 것 같은데, 어떻게 그렇게 정확하게 할 수 있어요?"

주목은 공손하게 말했다.

"나도 예전에는 구멍을 잘못 뚫어서 자재를 못 쓰게 한 적도 많았지. 그래서 기술자들로부터 여러 번 혼나기도 했단다."

"그러셨어요?"

"응, 그런데 이제는 숙달이 되어서 잘 할 수 있게 되었지. 옛날부터 구멍을 정확히 뚫을 수 있는 기구가 있었으면 좋았을 텐데 ……."

아저씨는 말끝을 흐리셨지만, 주목이는 속으로 이렇게 생각했다.

'아저씨, 저도 이런 불편을 느꼈으니까, 이 점을 반드시 제 손으로 해결하겠어요.'

꾸러기들의 발명잔치

　다음 날, 아버지께 이 말씀을 드리자, "우리가 활용하고 있는 기계, 기구 등을 능률적이며 효과적으로 개량하면 그것이 바로 발명품이란다"라고 하셨다.

　주목은 며칠이 지나서 또다시 건축 현장에 가보았다. 그런데 이 날은 아저씨들이 이상한 것을 가지고 공사를 하고 계셨다.

　"아저씨, 안녕하세요?"

　"응, 또 왔구나."

　"그런데 이건 뭐예요?"

　"수준기란다. 수평이나 수직을 잴 때 꼭 필요한 것으로 철물점에 가면 살 수 있지."

　주목은 구멍을 뚫는 데 또 한 가지 어려운 점을 발견했다. 그것은 구멍의 깊이를 정확하게 파악해서 만들어야 하는 것이었다.

　주목은 이 문제를 끝까지 해결하리라 결심하고 필요한 물품들을 구입했다.

　'아크릴, 아크릴커터, 클로로포름, 핸드드릴, 수준기, 홀거터, 줄자, 강력본드 …… 더 필요한 거 없나?'

　주목은 만들고자 한 것을 먼저 집에 있는 두꺼운 라면 박스에 본을 떴다.

　그것을 칼로 잘라서 만든 후, 여러 번 실험을 해보았다.

'왜?'라는 질문

그 과정에서 개선할 문제점들이 나타났다.

첫번째 문제점은 '드릴 작업중 주목이 만든 수평관을 어떻게 핸드드릴에 고정시키는가'였다.

또 한 가지는 수직작업을 할 때 사용하는 수직 기포관 처리 문제였다.

주목은 그 동안 만든 것을 아버지께 보여 드리며 도움을 청했다.

"우리 아들이 수고가 많구나. 이런 대단한 생각을 하다니! 성공하신 발명가들의 인내와 신념 때문에 오늘날 우리가 이처럼 편리한 세상을 살고 있지!"

주목은 기분이 좋아졌으나, 여전히 문젯거리는 남아 있었다.

며칠을 두고 곰곰이 생각했으나 도저히 안 되겠다는 생각이 들었다.

'에이! 배고픈데 라면이나 끓여 먹어야지.'

주목은 주방으로 가서 찬장 속의 라면을 꺼내기 위해 문을 열었다. 그 순간 경첩이 눈에 띄었다.

"왓, 바로 이거다."

주목은 배고픈 것도 금새 잊고, 철물점으로 뛰어갔다.

"아주머니, 경첩 있지요?"

경첩을 사다가 실험을 해보았다.

꾸러기들의 발명잔치

“야, 대성공이다.”

그러나 하나의 문제는 해결되었지만, 다른 한 문제는 그대로 남아 있었다.

그러던 어느 날, 우연히 친구 집에 놀러 갔다가 수도꼭지를 교체하는 것을 보게 되었다. 아저씨들은 수도꼭지를 교체하면서 고무패킹을 사용하였다.

‘그래, 바로 저거다.’

집으로 달려 온 주목은 고무패킹을 이용하여 미해결 문제를 처리했다.

“됐어! 성공이다.”

　　여기서 얻은 주목이의 결론은 사건이나 사물을 무심히 지나칠 것이 아니라 항상 자세히 바라보고, '왜?'라는 의문점을 가져야 한다는 것이었다.

　　이 생각을 아버지께 말씀드렸더니, 발명품을 보신 후 매우 기뻐하시며 즉석에서 이렇게 말씀하셨다.

　　"내 아들이 또 발명을 했어? 좋아 네 동생과 함께 내일은 과학관을 구경시켜 주마."

　　"야, 신난다."

　　옆에서 듣고 있던 동생 주석이는 손뼉을 치며 좋아했다.

　　다음 날, 주목은 아빠와 함께 과학관으로 갔다. 현관에 들어서자 그림이나 TV에서만 보았던 악어가 현관 중앙 유리방에 죽은 듯이 앉아 있었다.

　　"얘, 악어야! 움직여 봐!"

　　한동안 들여다보던 주목이는 꼼짝도 하지 않는 악어를 보고 안타깝게 생각하다가 오른쪽으로 눈길을 돌렸다.

　　"앗! 깜짝이야."

　　비명을 지르던 주목은 마음속으로 '왜 이렇지? 야, 정말 신기하다'고 중얼거리며 거울 앞으로 다가섰다.

　　주목의 키는 난쟁이처럼 작아 보였고, 몸은 옆으로 퍼져 나가 전혀 다른 모습이었던 것이다. 그 옆에서 악어를 구경하고 있는 동생 주석이의 모습도 만화 속의 짱구처럼 우습게

꾸러기들의 발명잔치

보였다.

"와, 주석이는 짱구 같애!"

주목은 거울 앞으로 바짝 다가가서 가만히 거울을 만져 보았다.

이상하게도 거울은 볼록 나와 있었고, 차가운 것을 느낄 수 있었다.

그 순간 주목의 머릿속으로 한 생각이 퍼뜩 지나갔다.

'이 원리를 이용하여 어항을 만들어 보면 어항 속의 물고기가 참 신기하게 보일 거야!'

"얘들아, 2층에도 가보자."

아버지의 말씀에 주목은 앞으로 나갔다. 2·3층에 전시된 여러 가지 과학기구, 그리고 실험장치, 박제된 새와 새의 울음소리가 스위치를 누르면 신기하게 들리기도 했다.

주목은 학교에서 해보지 못한 여러 가지 실험장치들을 만져 보면서도, 현관에 있던 거울이 머릿속을 떠나지 않는 것을 깨달았다.

집으로 돌아오는 길에 주목은 동생과 번갈아 가며 아버지께 과학관에서 있었던 이야기를 하게 되었다.

"그런데 아버지, 현관에 있던 그 거울의 원리를 이용하여 어항을 만들어 보면 좋겠어요."

주목의 말에 아버지는 갑자기 밝은 표정을 지으셨다.

꾸러기들의 발명잔치

“그래? 정말 좋은 생각이다. 그럼 설계도를 한번 만들어 보렴.”

집에 돌아온 주목은 시장의 어항집이며 어항에 대해 자세히 조사했다.

그 결과 어항들은 주목에게 흥미를 주지 못했다.

'어항을 좀더 변형시키고, 통로를 만들어 주면 물고기들이 빙글빙글 돌거나, 통로를 따라 이웃 어항으로 놀러 다니는 모습도 볼 수 있을 거야!'

이렇게 생각한 주목은 큰 원기둥 모양의 어항 두 개에 통로를 연결하도록 하고, 운반이나 청소하기에 편리하도록 양쪽 어항 끝에 수도꼭지를 달고, 위에는 구멍을 낸 뚜껑을 덮어, 어항에 이물질이 빠지지 않도록 하면 좋겠다는 생각을 했다.

이런 생각을 기초로 해서 며칠 동안 연구하고, 수정한 끝에 설계도를 완성했다.

“아버지, 이 설계도를 보세요.”

완성된 그림을 아버지께 보여 드리자 아버지는 크게 칭찬하셨다.

“내 아들이 이런 재주가 있는 것을 미처 몰랐구나. 정말 멋있다.”

아버지는 아크릴 상점을 경영하시는 아버지의 친구분께

제작을 부탁하셨다.

드디어 20일이 지난 후, 주목이 생각해낸 요술 어항이 완성되었다.

"와, 정말 신기하네!"

"나도 하나 갖고 싶다."

그 어항이 주목의 집 현관에 놓여지자 놀러오시는 손님마다 칭찬하시며 욕심을 내셨다.

그 때마다 주목은 어깨가 으쓱해지고 기분이 좋아졌다.

그렇게 신나는 여름방학이 지나가고, 드디어 개학날이 되었다.

"애들아, 안녕?"

주목은 어깨를 쫙 펴고, 일찌감치 교실 문을 들어섰다.

"왕초, 기분이 좋아 보인다. 무슨 일이 있었니?"

문희가 주목의 뒤에서 종알거렸다.

"어쭈, 문희 너는 오늘 따라 예뻐 보인다. 방학 동안 잘 지냈니?"

진석이 후다닥 문희 옆으로 끼여들며 말했다.

"말도 마라, 문희는 두 가지나 발명을 했다는 거 아니냐?"

은정이 머리카락을 치켜올리며 나섰다.

꾸러기들의 발명잔치

“그러는 은정이 너는 자명종이 돌아다니게 했다며?”

한규의 말이었다.

“와, 정말 소문 한번 빠르네.”

샌님 주현이 옆에서 나타났다.

“주현이, 너도 정말 만만치 않던데. 점자 전화기랑, 입체 수평기를 발명했다던데?”

어느 새 들어오셨는지 선생님이 미소를 지으며 옆에 서 계셨다.

“어머, 선생님. 안녕하셨어요?”

“그래, 너희들 소식은 너희들의 아빠 엄마와 주고받는 이메일 속에 다 들어 있단다.”

선생님의 말씀에 주현이 어깨를 으쓱해 보이며 씁쓸하게 말했다.

“어쩐지, 왜 우리 아빠 엄마가 그렇게 갑자기 과학에 대해서 잘 아시나 했더니, 선생님과 전자우편을 주고받으셨다 이 말씀이지요?”

“허허허, 아무튼 문제가 해결되어서 너희들이 훌륭한 발명품을 완성해 냈다는 것이 중요하지. 나야 너희 부모님들께서 질문하실 때, 겨우 힌트나 드린 정도고…….”

“그래요? 이제 알았다. 그러니까 우리 아빠 엄마께서 우리들의 이야기를 선생님과 다 말씀하신 거야!”

'왜?'라는 질문

은정이 뾰로통한 표정을 짓자, 선생님께서 크게 숨을 들이키시더니 조용조용히 말씀하셨다.

"발명반 친구 여러분, 요즘은 바야흐로 정보화 시대입니다. 이제는 무엇이건 초고속으로 진행되고, 과학의 최첨단을 걷고 있다는 사실을 잊어서는 안 돼요. 그러니까 선생님과 수업도 학교에서 이렇게 얼굴을 맞대고 하는 것만이 전부라고 생각해서는 안 됩니다."

그 때, 한규가 손을 들었다.

"음, 한규, 할 말이 있니? 말해 봐요."

"네, 선생님! 그러면 이제부터는 모든 발명 정보도 인터넷을 통해 다 알아볼 수 있겠네요?"

꾸러기들의 발명잔치

"곧 시행될지도 모르지. 아니 지금 진행중인지도 모르고……."

"그럼 전국의 학생들과도 정보를 교환하며 발명할 수 있을까요?"

"가능하겠지. 그런데 이제부터는 발명도 특허로 연결할 수 있는 것을 만드는 것이 좋겠다."

선생님의 말씀이 끝나자 문희가 손을 들었다.

"그럼 비밀 유지를 해야 하겠는데요. 특허가 날 때까지는요. 헤헤."

"아이고, 그러고 보니 발명도 함부로 소개할 것이 아니네……."

주목이가 굵은 목소리로 말하자 진석이도 한마디를 덧붙였다.

"이제부턴 정말 실용적이고, 돈이 될 만한 것으로 만들어야 한다 이건가?"

"그래, 부자 되는 것도 시간 문제다. 안 그래? 발명 동아리 친구들. 히히."

"야, 샌님도 돈 밝히나?"

선생님의 말씀에 아이들은 까르르 웃었다.

"그렇지만 여러분, 언중유골이라고 말에도 뼈가 있으니 웃을 일만은 아닙니다. 여름방학 동안 무더운 날씨에 발명

'왜?'라는 질문

하느라 수고했어요. 계속해서 사물을 대할 때 '왜?'라는 질문을 던져보기 바랍니다. 알았어요?"

"네, 선생님!"

일제히 대답하는 아이들의 이마 위로 제법 서늘해진 늦여름 바람이 슬며시 스쳐갔다.

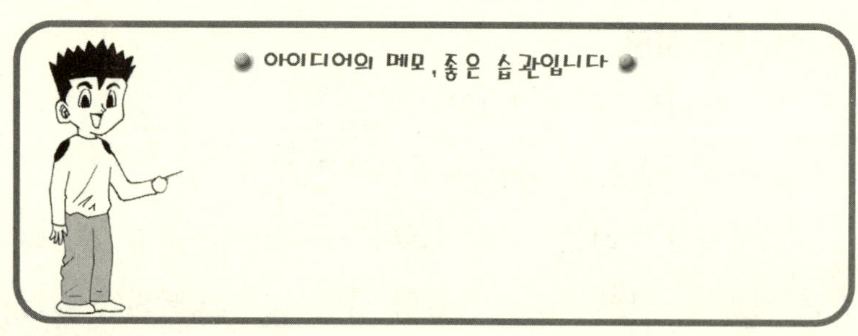

꾸러기들의 **발명잔치 /**

•

처음 찍음 / 2000년 2월 1일
처음 펴냄 / 2000년 2월 5일

•

엮은이 / 왕연중
펴낸이 / 이방원
펴낸곳 / 세창출판사
주소 / 서울특별시 종로구 교남동 47-2
전화 / 723-8660 팩스 / 720-4579
e-mail / sc1992@mail.hitel.net
homepage / www.sechangpub.co.kr
등록 / 1990. 10. 8 제 2-1068호(윤)

•

값 5,000 원

＊잘못 만들어진 책은 바꾸어 드립니다.

ISBN 89-8411-025-6 04000